趙尺子著

趙尺子先生全集

第三冊　三民主義與周易哲學思想

文史哲出版社印行

國家圖書館出版品預行編目資料

趙尺子先生全集 第三冊：三民主義與周易哲學思想 / 趙尺子著. -- 初版 -- 臺北市：文史哲, 民 108.06
頁； 公分
ISBN 978-986-314-473-1（平裝）

1. 論叢

078 108008747

趙尺子先生全集 第三冊

三民主義與周易哲學思想

著　　者：趙　尺　子
出 版 者：文 史 哲 出 版 社
http:// www.lapen.com.tw
e-mail：lapen@ms74.hinet.net
登記證字號：行政院新聞局版臺業字五三三七號
發 行 人：彭　正　雄
發 行 所：文 史 哲 出 版 社
印 刷 者：文 史 哲 出 版 社
臺北市羅斯福路一段七十二巷四號
郵政劃撥帳號：一六一八〇一七五
電話886-2-23511028 · 傳真886-2-23965656

九冊 定價新臺幣三〇〇〇元

民國一〇八年（2019）六月初版

ISBN 978-986-314-473-1 08982

趙尺子先生全集　總目

三民主義與中華文化專題研究

趙尺子 著

三民主義與周易哲學思想

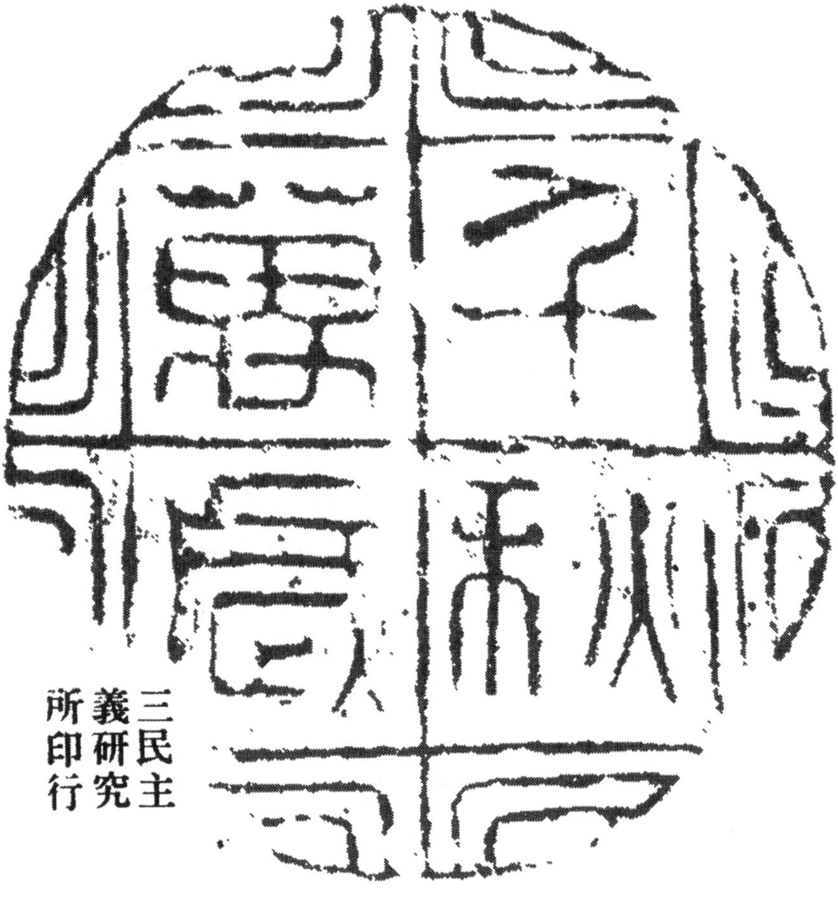

三民主義研究所印行

前言

中華文化的復興論文，近月來散見於報章雜誌者，約已數百萬言。所謂復興，不論如何解釋，其意義要不外於承先啟後，繼往開來。但真能擔負此重大復興使命的思想，唯有我　國父的三民主義。三民主義的淵源，　國父曾自述：「有因襲吾國之固有思想者，有規撫歐美之學說事蹟者，有吾所獨自而創獲者」。然　國父所因襲者，在中華文化中究何所指？似尚無人詳加探討。現值　總統蔣公提倡中華文化復興運動之際，正宜將三民主義與中華文化的因襲關係，分別闡發，撰為綱要，俾社會各界人士得以閱讀參考。此項工作，似不可緩。本所有鑒於此，特擬訂若干專題，分請對某部門有專長的學人研究執筆。惟中華文化極為博大，儒家雖為主流，而各家亦各有其創見。國父除繼承堯舜禹湯文武周公孔子的道統外，亦未嘗忽視墨老莊列管孫等各家思想。如就儒家而言，　國父對於易經、禮運、春秋、學庸論孟甚至於宋明理學，皆有深入的體認。　國父逝世以後，　總統蔣公，繼續發揚。縱然經歷五四反傳統的狂潮，馬列唯物論的破壞，屢遭摧毀，而我中華文化學術思想竟能屹立如故，這不能不歸功於　國父與　總統蔣公的先後維護了。此次各項專題，雖祇限於三民主義與中華文化關係的研究，但本我國倫理思想的精微，用以補西方民主科學的闕失，進而使三民主義的世界性得以宏揚於中外，則本所此項工作便不能說沒有意義了。茲於印行之前略述其大旨於此。尚望邦人君子不吝賜教是幸！

張鐵君　謹誌　五月廿三日

弁　言

一、在「中庸要旨」訓詞裏， 總裁說：「我們中國最古的哲學是易經。這是一部究天人之際，通宇宙之理的要書。但是易理精微廣博，不易了解。」這本小書——三民主義與周易哲學思想，企圖把「精微廣博」的「中國最古的哲學」，述說明白，使人容易「了解」。

二、周易卦辭、爻辭兩部分當係殷季的作品，其中保存着我國上古直到殷代的哲學思想。彖辭、象辭當係周初作品。乾坤兩文言、上下繫辭、序卦、雜卦當係晚周秦漢的作品。卦辭、爻辭應該是殷代龜卜的卜辭，經貞人歸納整理而寫成。彖辭、象辭是爲註釋卦辭、爻辭而寫的。漢朝自董仲舒、京房以次，直到今天，說易的書汗牛充棟，缺乏小學根柢，牽拊陰陽家言，遂致周易成爲「不易了解」的「神秘之書」。這本小書，爲了打開周易「玄之又玄」的大門，故根據近七十年來田野考古所發現的殷文甲骨和筆者三十多年以來發現並研究的古轉注語，對周易裏的專用詞字如卜、爻、易、八卦、「河圖」、太極（天極）、道、六十四卦標題（乾、坤、否、夬等等）、彖、象……予以歷史學語文學的科學解答；並使用統計歸納的科學方法，即以寫哲學史的態度，對周易裏的宗教思維和哲學思維，予以客觀的系統的研究。然後和 總理自己所說他的「革命思想」是「繼承」「中國一個正統思想」的三民主義作思想史的比較，以期奠立研究三民主義的科學基礎。

三、根據古轉注語來校勘註釋殷周轉注文所寫的周易（和其他古籍），使這本自從彖辭、象辭以來由於文字的誤解而「不易了解」的「神秘之書」，稍見本來面目，本在民國三十六年就和鄉先輩學者于思泊（省吾）先生談過。于先生使用殷周文校勘古籍，工力和成果均在漢儒以上。曾誠懇地以所著「周易新證」題贈，並授以研究方法。分飛以還，寤寐念茲。現在在這本小書裏實踐了當年諾言的一小部分。惟讀者初讀這種一百餘個古轉注語和殷周轉注文相結合（參見附錄）的作品時，由於您的知識領域裏尙沒有這種觀念，和四十年前章太炎先生的知識領域裏沒有殷文甲骨的觀念相同，您會覺得古轉注語也是一樁「神秘」。所以我將在您開始閱讀這本小書之前，向您建議：對於每一個轉注語文對照的字句，請複讀二三遍。如果您精通中國文字學和音韻學，那就更好辦了：請用「雙聲」原則，一讀便懂了。例如本書內初見的古轉注語是 belge（義爲卦）一詞，它被寫成殷周轉注字卜（bel）卦（ge）。作讀起來，卜爲博木切而古音 bel，卦爲古壞切而古音 ge，兩音似乎不同（由於古轉注語雖有韻母，殷至唐又附加了新韻母）；但卜和 bel 的聲母都是博，卦和 ge 的聲母都是古，此謂「雙聲」，於是您便知道它們並不「神秘」了。

本書所用殷周轉注字全依許愼的說文解字和羅振玉、董作賓、金祥恒諸先生的殷文甲骨，並參考徐文鏡先生的古籀彙編。本應逐字寫出殷周字；但因無法製版，除少數字外，只有仍用隸楷。隸楷少數已看不出殷周轉注字「建類一首」的本來面目，使本書不免減色。本書所用殷周轉注字的定義，則全依說文解字，皆有引號；惟說文解字的所从（部首）和得聲（即「从某，某聲」字樣）偶有隔部和以从為聲及以聲為从的謬誤，故均依拙著「說文解聲」訂正之。讀者請注意：引號以內的字句，都是說文解字的原文；引號以外的文字則為拙著「說文解聲」的原文。又，所用反切讀音，絕大多數均採孫愐的唐韻（大徐採入說文解字）；孫愐反切有謬誤處，則依鄭玄、高誘、陸德明、徐鉉所作讀音，偶爾也用國音、閩南音和日本所保存的唐音，總期此字此形此義必讀此音，稍校唐以後讀音之誤。

四、「河圖」是禘祀着包犧、神農、軒轅、少皞、顓頊五位中國人的先帝（祖宗）的廟。在「河圖」之上（亦即「方明」的上面）還有一位古人相信會經「造分天地（生兩儀），化成萬物」的原始先帝。古史已佚其名；包犧名之為天三，繫辭名之為太極，儒道兩家名之為道，楚人名之為太一，漢以前天文家名之為天極星的天極（上古的星名大多是先帝的名）。古代郊天實即禘祀天三即太極即道即太一即天極星；殷文甲骨「喜河」即祭「河圖」。本為孝思；後來演化為拜祖教。到周易卦辭、爻辭成書，拜祖教演化為宗教哲學；彖辭、象辭又把這種宗教哲學發展成為人生哲學。周易實為這種宗教和人生哲學的產品。陰陽家則把這種宗教哲學發展成爲陰陽之學。宋儒根據繫辭看出太極、「河圖」和周易有關係，故周子（敦頤）畫「太極圖」；程子（頤）、朱子（熹）也把陳摶、邵康節兩子根據揚雄「太玄」所繪的「河圖」刋在易傳和周易本義的卷首。可惜的是，他們把「河圖」看成一幅「圖」而且把上下卽北南的位置放顚倒了（揚雄時未顚倒）！因此陳、邵、程、朱四子固然對「河圖」知其當然而不知其所以然；北宋迄今的周易註疏家跟着便莫名其妙了。淸儒胡渭只好說「河圖」和周易無關。筆者略讀一些周易、墨子、尙書大傳、淮南子、太玄等書，研究了高誘、鄭玄、孔穎達等註疏，並得古轉注語之助，到民國五十年才把宋儒倒置的「河圖」撥倒歸正，恢復了東三、八，南二、七，西四、九，北一、六，中央五、十的原位，宣讀過論文並發表。因此證知包犧、黃帝、顓頊、堯……殷人占兆問卜，都是向「河圖」之上的原始先帝——天（太極）和「河圖」裏的五位先帝（這在堯以後）請示吉凶。故不懂「河圖」便無法懂得周易之所從來。迨至殷周時代，天三簡稱天，太極簡稱太，天極簡稱天，更假借道路的道以讀天、太的音，儒道兩家才把天卽太極卽原始先帝所示的吉凶之理稱爲道。儒家所有的道字，基本上都是天理之意，其故在此。道家「人法地，地法天，天法道，道法自然」，在天字上增一道字，當時已不知天係本字，道係假借字，並把自然的天體和天三卽太極混爲一事了。我們倘先「了解」這一宗教史和哲學史的眞象，就可以「了解」周易，也可以讀懂若干上古的遺書。

五、周易編成當時的次序是乾坤震巽坎離艮兌八卦，再在乾下加以乾坤震巽坎離艮兌而成乾之重卦，坤下加以乾坤震巽坎離艮兌而成坤之重卦，震下加以乾坤震巽坎離艮兌而成震之重卦，巽下加以乾坤震巽坎離艮兌而成巽之重卦，坎下加以乾坤震巽坎離艮兌而成坎之重卦，離下加以乾坤震巽坎離艮兌而成離之重卦，艮下加以乾坤震巽坎離艮兌而成艮之重卦，兌下加以乾坤震巽坎離艮兌而成兌之重卦，共六十四卦，秩序井然。到乾坤兩文言寫作時代，原次序便已紊亂，乾坤兩卦排於卷首，以下六十二卦亂排一通。序卦的作者便為這紊亂的六十四卦強作解人。五年以前，筆者發現了六十四卦的原來次序，三年以前寫成「六十四卦次序新說」，以後就抽暇整理紊亂的卦序（今本），擬寫「重編周易讀本」，並把殷周轉注文所寫的周易，註以古轉注語，明其通假，校其奪衍，使這「中國最古的哲學」成為人人可以「了解」的讀本，以闡揚中華文化，明瞭我國古史。勞於課業，時做時停。這次承鐵君先生之囑寫這本小書，乃鍵戶兩月，完成「重編周易讀本」（初稿）。因之本書引用原文都依「重編周易讀本」的次序即周易六十四卦原來次序。這對於讀者翻撿紊亂的通行本以對勘引文，實為極大的不方便。在此應該告罪。希望「假我數年——五（年）、十（年）以學易」，使「重編周易讀本」得以問世。

六十四卦原來次序發現以後，從說卦所列乾坤震巽坎離艮兌次序，得到證實。其後精讀說卦，始知這篇雖晚到漢朝才被發現（殷文甲骨遲至六十餘年前才發現，古轉注語遲到三十餘年前才發現），實爲及見周易原次序的古書，較彖辭、象辭都早。說卦的最大特點有三：第一、作者尙知八卦是包犧所造的八個字，不是神秘的符籙；第二、絕無所謂「先天八卦」的謬說；第三、包犧造這八個字所根據的古轉注語，和這八個字所據的古轉注語與其餘古轉注語同聲通假的資料，在說卦裏保存着近於百個。例如乾爲天，何以又爲圜（天體之天）？爲君？爲父？爲玉？爲金？爲寒？爲冰？爲大赤？爲木果？這不是說乾的性質和圜、君、父、玉、金、寒、冰、大赤、木果相近；而是說乾字所發的古轉注語音和圜、君、父、玉、金、寒、冰、大赤、木果等字所發的古轉注語音相同。「重編周易讀本」將解決這些問題。——僅就以上三點來說，說卦的價值便已遠遠超過彖、象、文言、繫、雜卦各篇之上。這本小書除卦、爻、彖、象四辭之外，絕少引用文言以次各篇，却引說卦「帝出乎震」一小段，其理在此。

六、本書談到宗教思想、哲學思想、政治思想的時候，所引卦、爻、彖、象四辭原文，恒有某些句在一卦，而某些句在另一卦。看來這似乎仍走漢以後註易諸家所謂「卦變」的老路子。其實是，立在思想史的立場，只應把握卦、爻、彖、象四辭作者的思想而客觀地貫通地加以紀錄；不必過問這些思想是否表達在同一卦中。例如寫孔子思想史，不止於要把握論語中的資料，也要把握孔子有關的另些書籍中的資料。「卦」並不「變」；只註卦者——彖辭、象辭的作者們所「繼承」的古代思想隨卦表達而已。

七、本書著者學殖荒疏，寫作時間倉卒，雖很用心，仍恐有誤。又以限於字數，故若干問題未能詳答；章節比重也未能相稱。倘能拋磚引玉，受到讀者的指正，俾在「重編周易讀本」裏欣拜昌言，實所殷盼。

中華民國五十六年五月寫於臺北

本書作者在臺出版著作目錄

自民國十六年至三十七年在大陸刊行的著作計「咒」（雜文）、「中國社會病的總源」（社會問題）、「打罵哲學」（雜文）、「馬上隨筆」（抗日日記、評論、片斷思想）、「東望集」（評論、蒙古問題）、「青年集」（評論、論文）、「草原記事」（近代蒙古秘史）、「長城線」（評論、論文、蒙古史料）、「蒙漢字典」（對音對義蒙漢字典）、「啓蒙運動與蒙古事情」（評論、論文、蒙古問題）、「中共論綱」（二十九年作者揭露「中國共產黨不是土匪不是軍閥不是革命政黨而係俄國的第五縱隊」）、「乙酉六十年祭」（反共論文）、「開始第二抗戰」（提出反共抗俄理論）共十三種，一百萬字。均已絕版，但有原稿或孤本。佚失「三民主義通論」、「新聞學綱要」、「國際公法通論」、「組織學」、「周史」、「元史大綱」、「抗戰期間密電稿」等七種，共約三百萬字。下面十一種係在臺出版者：

因國史　列舉歷代僞國家四十餘個，證明「中華人民共和國」係俄帝扶植的「因國」。所謂「因國」即由第五縱隊主政之國。此書揭破俄帝一切理論及毛澤東僞裝革命，實爲漢奸。四十年反攻出版社初版五千册，再版三千册。二十元。

心理作戰實施綱領　反共抗俄開始（三十八年）以來第一次問世的心理作戰實施論著。三十九年中訓班出版一百册，四十二年步兵學校出版一千五百册。非賣品。

拔都傳　以謹嚴的史筆，考證今俄國聶伯河、莫斯科以東均爲中國北夏（匈奴）、鮮卑、蒙古的領土；元太祖及拔都西征，在今薩拉多夫建欽察汗國，係民族解放戰爭而非「黃禍」。對拔都戰史有精確記述，可爲對俄作戰之參考。四十三年中國青年反共救國團出版四千册。二元。

反共抗俄經驗談　作者二十餘年抗日反共的實戰經驗。對於俄帝侵華歷史和戰術（隱體戰）作歷史性的敘述。最後「解放鮮卑」一章長達四萬字，指出此爲國民革命第四任務。四十四年好書出版社初版二千册，再版一千册，三版一千册。三十元。

（轉入本書目錄四頁）

三民主義與周易哲學思想

心理作戰與情報戰　作者實際指導陸軍心理作戰、情報戰的秘密教本。四十四年陸軍總司令部出版五千册。非賣品。

俄國的侵略戰術　作者實際指導陸軍謀略戰時，改編在臺刊行的論文十一篇，合成本書，由陸軍總司令部刊行五千册，作者加印二千册。書中對古今中西侵略戰術（隱體戰）有深刻精到的研究。四元。

孔孟治兵語銀　中國歷史有一鐵的原則：得儒將則興，無儒將則亡；早用儒將則興，晚用儒將則亡。建軍不明此道，故許多將軍叛國降敵或臨陣棄兵而逃。作者主管軍校、步校政治教育時，提倡儒將儒兵運動，寫成此書，列入「中國兵學大系」第二十二種。世界兵學社出版二千册。四元。

謀略戰　作者實際指導陸軍謀略戰時，應國防部之請撰寫此書，由陸軍總司令部刊行五千册，加印二千册。殉國名將趙家驤上將序云：「尺子之最大貢獻，卽當此人天憒憒雜說紛紜之世，對反共抗俄之謀略戰，提出幾條基本原理」。六元。

東方軍事哲學　作者爲海軍指揮參謀大學所講：一、夏朝以前之軍事哲學；二、夏朝的軍事哲學；三、商朝的軍事哲學；四、周朝的軍事哲學；五、孔孟的軍事哲學；六、孫吳的軍事哲學；七、國父　總統的軍事哲學。非賣品。

夏語天文三百字蛻化為那些殷文？　作者自民國二十一年發現我國殷朝以前的語言在蒙古語中完好地保存着。二十八年曾指導學生編印「蒙漢字典」，將二千個蒙古語寫成漢字。四十七年應中國邊政協會之請，寫成本書。十年以來，將蒙古語一萬八千個依其複音的音序，大部分考定其所寫的殷周字，正寫「夏殷語文典」和「說文解𧥣」兩種大部頭書。

伊克昭盟志　二十八年編於蒙古，三十二年印於西安，五十四年由蒙藏委員會再版。

此外尚有「秘書集」（代人執筆反共抗俄論文、文告）、「鳳山集」（反共掌故、散文）、「第五縱隊戰術教程」、「尺子古文辭類纂」（文言文、詩）、「大漠十年」（自傳）、「蒙漢語文比較學論文集」及未結集的論文，均待印。

三民主義與周易哲學思想

趙尺子作

第一章　考古學提供的周易新知識

一　周易的意義

周禮：「大卜掌三兆之法，一曰玉兆；二曰瓦兆；三曰原兆。」鄭玄註：「兆者，灼龜發於火，其形可占者。其象似玉、瓦、原之璺罅，是用名之焉。上古以來作其法，可用者三。杜子春云：『玉兆，帝顓頊之兆；瓦兆，帝堯之兆；原兆，有周之兆。兆亦作鄉。』」又：「大卜又掌三易之法，一曰連山；二曰歸藏；三曰周易。」鄭玄註：「易者，揲蓍變易之數，可占也。杜子春云：『連山，宓戲；歸藏，黃帝。』宓音伏；戲音羲。」据鄭玄和他所引杜子春說：兆有顓頊、帝堯、周兆三種；易有宓戲、黃帝、周易三種。

現在我們要問：卜是什麼？爻是什麼？兆是什麼？易是什麼？周易是什麼？若要解答這些 what ，倘不借重科學的田野考古學和語文考古學，以奠立絕不動搖的實證，就非重蹈文言、繫辭、序卦諸作者和董仲舒、京房、鄭玄、虞翻、王弼、孔穎達、程頤、來知德……諸註者的覆轍——周易神秘化——不可。

六十八年前（光緒二十五年），殷文（甲骨文）在殷墟出土。經考古學家潛心研究，現在業經成爲世界的顯學。總括他們研究的成果看，殷朝卜卦是使用「灼龜」法：在龜甲陰面上先鑽不透明的小孔六個，然後用火「灼」烤，則在陽面上爆裂出下列樣子的卜文：

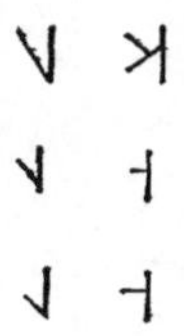

見中央研究院發掘殷墟所得骨版。李濟博士在「南陽董作賓先生與近代考古學」一文裡說：

記得有一天早晨，我到了靜心齋，他（按：董博士）很高興地對我說：「你知道卜卦的『卜』的聲音是怎麼來的嗎？」我（按：李博士自己）說：「這是你的問題呀！你該告訴我。」他說：「我曉得的。」說着他就拿了一塊已經鑽鑿好了的龜版，在鑽痕的旁邊點了一根香燃灼起來，漸漸地龜版就被烤熱了，灼燒了，再過幾分鐘，旁觀的我忽聽得 Pa 的一聲爆炸，聲音就像「卜」。他興奮地問：「你聽到這聲音嗎？」我說：「聽到了。」再看龜版的背面，已出現了「卜」形的裂痕。（董作賓先生逝世三周年紀念集第四頁）

這是「灼龜」的實驗。殷墟出土的骨版上都有卜。上摹的骨版有六個卜，當是六爻的爻；爻的上方下方或旁邊都有當年貞人所契的殷文，就是卦辭或爻辭了。

殷朝末期和周朝全期改用了「揲蓍」法。周易繫辭上篇記載的「揲蓍」法是這樣：

大衍之數五十，其用四十有九。分而爲二，以象兩掛。一以象三；揲之以四，以象四時；歸奇於扐以象閏。五歲再閏，故再扐而後掛。

民國十二年左右目覩先師武先生（子彪）手拈蓍草（生於信陽太昊陵）五十枝，放棄一枝，賸下四十九枝，隨便分成兩把。他自數左手的一把，得個數目；令我計算他右手的一把，也得一個數目。他便把兩個數目在紙面下方畫成一爻。反復六次，由下往上畫成六爻。至於得何數成何爻？現已不復記憶。然後令我查明周易某一卦的卦辭、爻辭，讀給他聽（他會背誦全本；我除繫辭以外都背誦不出）。

無論「灼龜」或者「揲蓍」都能獲得六個爻。

懂得殷周兩朝的卜卦方法以後，接着我們要問：董博士實驗灼龜而被李博士所聽到的「Pa 的一聲」在殷朝契成「卜」字是正確的了；但這「卜」字的語言是什麼聲音？一個（單）聲音？或多個（複）聲音？這就要使用語言考古予以實證了。筆者從民國二十一年發現複音的「先殷語言」在蒙古語裡保存。研究迄今三十餘年。近十年來寫「說文解聲」、「夏殷語文典」兩書，將殷周以來的轉注文字和先殷的轉注語言重行結合，融如水乳。因此對於周易字義似有會心。本書將用這種古轉注語來證知個人現在所能瞭解的若干問題。

古轉注語 belge 義爲卦，殷周文寫卜(bel)卦(ge)兩個字。說文：「卜，灼剝龜也。象灸龜之形。一曰象龜兆之縱橫也。」博木切。「卦，筮也。从卜，圭聲。」古壞切。依六書轉注「建類一首，同意相受」例，卜，卦也；卦，卜也。證知 belge 正是卜卦。——李博士所聽到的「Pa的一聲」，可以說只聽到了卜(bel)的聲音，而沒有聽出卜卦(belge)的全部聲音。古音無滂(P)母；唐以後以滂(P)爲聲母的字，古都音幫(B)。

古轉注語 belgede 義爲算卦，殷周文寫爲卜(bel)卦(ge)貞(de)三個字。說文：「卜，灼剝龜也」；「卦，筮也」；「貞，卜問也。鼎省聲。」陟盈切，誤；鼎省聲，是也。按：鼎字的古轉注語是dorbogo，八百年來其義爲鍋(go)。殷周文寫爲鼎(dor)貝(bo)鬲(go)。遠古當用貝殼炊物，三十六年前南洋土人仍存古風，我的家鄉也用貝殼煮漿糊，故貝(bo)應係石器時代的鼎；夏殷用銅鑄鼎，沿用石器時代的 dorbogo 一語，寫成鼎貝鬲三個字。故貞音 dorbogo 的 do，閩南語迄今仍呼鍋爲「顚兒」(dor)，應寫鼎字。許愼謂爲鼎省聲，十分正確。唐人不知貞字發出什麼聲音，乃以禎的側鄰切及楨的陟盈切爲貞的讀音。依轉注例，卜卦貞三字「同意」，卜，卦也；卦，貞也；貞，卜也。證知殷文的貞人就是卜人，也是卦人；周禮的大卜也是貞人。

接着說爻是什麼？

爻字的古轉注語是 hulil，八百年來其義爲卦，殷周文寫爲爻(hu)㸚(lil)。說文：「爻，交也。象易六爻頭交也。」胡茅切；國語讀如搖，誤以兆爲爻。「㸚，二爻也。」力几切。古代以爲爻是問卜人誠心向先帝（祖先）卜問吉凶所得到的感應和效驗。

其次談兆是什麼？易是什麼？

兆，包犧時只畫丨，說文：「丨，上下通也。引而上行讀若囟，引而下行讀若退」，引以爲聲，一字三音。古文始作𠁧，从北(gaba 乖北的北，義爲裂紋)，乙聲。羊益切。丨、兆字的古轉注語是 tihiya，義爲感應的應和效驗。周文又寫爲□(ti)𠧞(hi)兆(ya)。說文：「𠧞，灼龜坼也。从卜兆象形。」治小切，誤；治古音 hi，不音趙。依轉注例，𠧞，兆也；兆，𠧞也，都是灼龜所生的裂紋，表示先帝對於問卜人的反應即上天和下界通。（從兆得聲的字，桃、跳、佻、誂都是 ti 聲，姚是 ya 聲，故確證兆爲 tihiya 的 ya。）

易是什麼？周易又是什麼？周易一詞的古轉注語是 duguriktu tihiya，義爲周密的感應和效驗。周即 duguriktu 的 gu，殷周文寫爲□(du)周(gu)□(ri)□(k)□(tu)。說文：「周，密也。从用」，口聲，職留切，閩南語讀如鉤(guo)，最近古音。（从周得聲的字如凋、彫、雕、琱……都是端(D)母，可以證明 duguriktu 的 gu，確寫周字。）

duguriktu tihiya（周密的反應）的 tihiya，殷周文本就寫爲□(ti)𠧞(hi)兆(ya)，已

見上文；重文寫爲□(ti)□(hi)易(ya)。說文：「易，蝘蜓守宮也。象形」，羊益切。周禮和易緯假借易字爲兆字：故周易就是周兆。（從易得聲的字，如惕爲透(ti)母，錫爲曉(hi)母，故確知易字就是 tihiya 的 ya。）

上面借重語文考古——用古轉注語結合殷周轉注文——解答卜是什麼、爻是什麼、兆是什麼、易是什麼四個問題，得出清清楚楚兩點結論：一、卜(bel)就是卜卦(belge)；爻(hulil)就是灼龜後爆出的裂紋。二、周易(guya)本作周兆(guya)，兆是本字，易是假借字；周易就是周筮的反應和效驗。從宓戲、黃帝、顓頊、堯到殷周，凡遇吉凶可疑的事，就使用玉、瓦、原、龜、蓍向先帝（祖先）問卜；而認卜兆就是先帝對吉凶問題的反應。因此證知杜子春說：「原兆，有周之兆」，把周筮的周解爲周朝的周，乃是推測不實的話。陸德明說：「周，遍也，備也（按：都是周筮的意思）。今名書，義取周普。」這話十分正確。

二　八卦的意義

周易（周兆）所用的符號叫做八卦。八卦是包犧所造的八個字。包犧一名見於周易繫辭，又作庖犧，又作宓戲，又作伏羲，這是人名；又作太皞即太君，又作太昊即太后，這是尊稱，古轉注語是 deletele hagan 大奈太奈后君。他是我們第一位留下名字的祖先，時間在神農以前，在黃帝更以前，距今當不止於五千年，應是石器時代的先帝了。高誘說：「太皞，伏犧氏有天下號也。死，託祀於東方之帝（degetus 帝□□□，成神、先祖）也（淮南子注）。」什麼叫「託祀於東方之帝」？由於古轉注語的發現，現在我們懂得這句話了。原來古轉注語稱歲星卽木星爲 brahasbadi ，殷周文寫爲□(b)㞯(ra)歲(ha)𡻕(s)步(ba)□ (di)。據說文，遝（古文遼字）字的聲母是㞯，从步，日聲，古音 ra 。顗（頻）字的聲母是𡻕，从步，𣲚（水）聲，古音su(減爲s)。「歲，木星也。越歷二十八宿，宣徧陰陽，十二月一次。从步，戌聲」，相銳切，古音 ha 。「步，行也。从止、𣥂相背」，薄故切，古音 ba 。□(b)□(di)兩聲寫爲何字？已不可知。所餘㞯歲𡻕步(rahasba)四字，「建類（天文類）一首（步首），同意相受」，故知㞯，歲也；歲，𡻕也；𡻕，步也；步，㞯也，都是「行」星的歲星卽木星的意思。歲星的「行」程「越歷二十八宿，宣徧陰陽，十二月一次」，並且萬古不息：所以古代人便把這位包犧先帝的名字「託祀」（tahil 禘祀禮）「於東方」的木星之上，就是用他的名字 brahasbadi 作爲木星(modon oton 木柢 榦朏）的名字。這和今天我們用 中山先生的名字作爲香山縣的縣名，一樣是紀念先聖先祖的儀俗。因此木星又叫歲星。殷周把古轉注語 brahasbadi 寫成□㞯歲𡻕步□的轉注字，但佚失了古轉注語，便把braha-sbadi 的 b ha 兩聲假借包犧、宓戲、庖犧、伏羲 等字寫出。（農神、黃帝的祖若父是少典，見史記。少典一詞當即 bahasbadi 裡的 ha di 兩聲而假借少典兩字寫出。我國上古的人名神名祖名地名山名水名星名曆名極多假借字，看爾雅便知。）

包犧曾經把他所說的古轉注語寫成文字。周易繫辭：

古者包犧氏之王天下也，仰則觀象於天，俯則觀法於地，觀鳥獸之文與地之宜，近取諸身，遠取諸物，於是始作八卦，以通神明之德，以類萬物之情。

這段文字實在是說包犧造字的方法和目的。他造的文字迄今保存在周易一書裡的還有☰☷☵☲☳☴☶☱八個（古皆順寫，例☰作|||）。這八個字裡的三個，也仍在殷周文裡保存着：甲、☰字保存在畺字裡，作爲聲母，畺从畕，☰聲；乙、☷字變體爲巛，保存在甾、災、巠等字裡，作爲聲母；丙、☵字變體爲巜、兴、水，在巟、益和許多水部字裡保存着。而最富歷史意義的是，這八個字至晚從殷朝武丁時代（公元前一三三九——一二八一年）起就變成一二三四五六七八共八個數字，沿用直到今天（參見反攻月刊二四八、二四九期拙文「從漢（閩粵）蒙滿藏日本七種語文比較看民族問題」和學宗七卷四期「六十四卦次序新說」）。約在殷朝末年，包犧的八個字所發生的影響力就更爲擴大而永久化，這就是改造了灼龜成卜的古制，成立了大衍記數的筮制——六十四卦的周易。

現在要問八卦是什麼？

甲、☰（周易假借「乾」字）字的古轉注語是tegri，義爲天、神（成神的祖先）。這是我國第一位祖先的名字。從包犧到殷周寫爲天(te)☰(gr)一(i)共三個字。☰是包犧所造的字，天、一是殷朝通行的字。說文：「天，顚也，从一」，大（古太字）聲，古音te，唐音他前切。「一，惟初太極（極字從段玉裁本），道立於一。造分天地，化成萬物」，係指事字，古音i，唐音於悉切。天和一之間的☰字，从一，二聲卽坤聲，古音gr，唐音古寒切。周易假借乾字以代☰。天☰一依轉注例，天，☰也，周易說卦：「乾爲天」；☰，一也；一，天也，都是指成神的祖先而言。以音呼成神的祖先曰天，史記所謂「人窮則呼天」；以義呼成神的祖先曰一，近人仍呼「老天爺」，爺字就是一字的音轉。周易假借太極二字爲天☰，楚人呼爲太一，漢朝呼爲天極星的天極。說文所謂「惟初太極，道立於一。造分天地，化成萬物」，用今天的國語講出，便是「太極（先帝）惟一；太極生兩儀；兩儀生萬物。」

古轉注語把所知的第一位有名字的祖先「託祀」於天極星上呼爲天☰一，而將自然的天體稱爲oktargai，周文寫爲圜(ok)團(ta)圞(r)口(gai)。說文：「圜，天體也。从口，睘聲」，古音ok，唐音王權切。「團，圜也」，古音ta，唐音度官切。「圞，團也」。古音r，唐音落官切。「口象回帀之形」，古音gai，唐音羽非切，誤。依轉注例，圜，團也；團，圖也；圖，口也；口，圜也，都是天體圓形的意思。戰國陰陽家創造「天圓地方」之說，「天圓」應起於口，「地方」當起於田(tariya田里野)。古人仰首望天，廻身四顧，目力所及，適成圓周，便把 oktargai （天體） 寫成圜團圞口。俯身看田，劃井分野，都是方形，便把 tariya 寫成田里野。——殷文天字本是天☰一的天；後世假借天(te)字爲天體的圜(ta)字，許愼因而也解天爲顚即頭頂上的天體了。

乙、☷（坤）字的古轉注語是 gar，義爲地方、地。包犧造成☷(ga)字，古文變爲巛（見石經），又變爲巛。周文寫爲畺(ga)畕(r)。說文：「畺，界也」，从畕，三聲，古音 ga，唐音居良切。「畕，比田也。从二田」，應作从田，田聲，古音 r，唐音居良切的良。畺又作疆，又作坤，周易說卦：「坤爲地」；說文：「坤，地也。易之卦也。」匈奴語 gar，史記譯爲谷蠡，竟不知應該寫爲畺畕了。

丙、☳（震）字的古轉注語是 chahilga，義爲打閃（雷電發光）。包犧造爲☳(ga)字，殷周寫爲辰(cha)雷(hi)雷(l)震(ga)。說文：「辰，震也。三月陽氣動，雷電振民，農時也。」古音 cha，唐音植鄰切。「雷，古文雷」，應即雷電發光的閃字，古音 hi，唐音失人切。「雷，陰陽薄動，雷雨生物者也。」古音 li，此處減爲 l，唐音魯回切。「震，劈歷振物者。」古音 ga，唐音章刃切。辰雷雷震四字轉注，辰，雷也；雷，雷也；雷，震也；

震，辰也，都是雷電發光。周易說卦：「震爲雷。」

丁、☴（周易假借「巽」字）字的古轉注語是 salhin ，義爲風。周易說卦：「巽爲風」。包犧造爲☴(hin)字，殷周寫爲䬕(sa)飂(l)風(hin)。說文：「䬕，小風也。从風，朮（述）聲」，古音 sa ，唐音翾聿切，誤；應爲食聿切。「飂，高風也。从風，翏聲」，古音 l ，唐音力求切。「風，八風也。……風動，蟲生，故蟲八日而化。从虫，凡聲」，古音 hin ，唐音方戎切，閩南音若昏，國音 feng ，由重唇轉入輕唇，誤。䬕飂風三字轉注，䬕，飂也；飂，風也；風，䬕也，都是颮風。

戊、☵（周易假借「坎」字）字的古轉注語是 usu （坎爲 gorohu 溝流洫的溝字），義爲水。周易說卦：「坎爲水」。包犧造成☵(su)字，殷周文寫爲雨(u)水(su)。說文：「雨，水從雲下也」。古音 u ，唐音王矩切。「水，準也。北方之行。」古音 su ，唐音式軌切。雨水兩字轉注，雨，水也；水，雨也。我們造字的古聖知道「水從雲下」爲雨，雨落地上爲水，較西方科學之說早了至少三千六百年。（黍，从禾，雨省聲，舒呂切，確證 usu 寫爲雨水。）

己、☲（周易假借「離」字）字的古轉注語是 gol ，義爲火炬。周易說卦：「離爲火」。包犧造成☲(go)字，殷周文寫爲焌(go)尞(l)。說文：「焌，然火也。周禮曰：『遂龡其焌。燎火在前，以焞焯龜』。」古音go，唐音子寸切。「尞，柴祭天也」。古音一，唐音力照切。燎尞兩字轉注，燎，尞也，尞，燎也，都是神前所燃的火：燎是灼龜問卜的火，尞是焚柴祭天的火。

庚、☶（周易假借「艮」字）字的古轉注語是 chilagu，義為石。周易說卦：「艮為小石」。包犧造成☶(gu)字，殷周文寫為厝(chi)厲(la)厎（gu）。說文：「厝，厲石也」，古音 chi，唐音七互切。「厲，旱石也」，古音 la，唐音力制切。「厎，柔石也」，古音gu，唐音職雉切。厝厲厎三字轉注，厝，厲也；厲，厎也；厎，厝也，都是磨刀的石。

辛、☱（周易假借「兌」字）字的古轉注語是 debege，義為澤。周易說卦：「兌為澤。」包犧造為☱(de)字，殷周文寫為瀆(de)洦(be)沼(ge)。說文：「瀆，溝也」，古音de，唐音徒谷切，由端母轉入透母。「洦，淺水也」，古音be，唐音匹白切。「沼，池水」，古音ge，唐音之少切。瀆洦沼三字轉注，瀆，洦也；洦，沼也；沼，瀆也，都是淺水的池澤。

綜上可知☰為天，☷為坤（畺、地），☳為震（雷），☴為風，☵為水，☲為尞（火），☶為厎（石），☱為瀆。☰☷☳☴☵☲☶☱是石器時代的文字，天畺震風水尞厎瀆是銅器時代的文字。銅器時代的文字裡還保存着三個石器時代的文字。所以八卦絕對不是「神秘」的事物。直到這八個字成為一二三四五六七八數字，殷末用這八個數字來計算揲蓍的數字

（參見學宗七卷四期拙文「六十四卦次序新說」），並假借乾、巽、坎、離、艮、兌（坤、震二字是本字）等字以讀八卦的音，才被誤認爲「神秘」的事物。

三　卦辭、爻辭作成的年代

我們若想科學地證知周易裡有些什麼思想被三民主義所繼承，必須先科學地考定周易全文——卦辭、爻辭、彖辭、象辭、文言、繫辭、說卦、序卦等——的某一部分成立於某一時代，然後纔能確定地說三民主義的某一部分思想是繼承某一時代的思想。不能籠統地說三民主義繼承周易的思想。當年殷文出土，王國維、羅振玉諸氏只籠統地認爲這是殷朝的文物；直到董作賓氏完成了「斷代研究」的凡例，並寫成「殷曆譜」以證明「斷代研究」的正確性，後來的學者才能確實指出某片甲骨的某一些史實發生在殷朝某帝的時代。

周易六十四卦所用的☰☷等等符號，在上文裡業已證定它們是包犧時代的產物。下面我將根據科學的方法，研究卦辭和爻辭的年代，以及彖辭、象辭的年代。

若想確實證定卦辭、爻辭作成的年代，我們只有根據卦辭、爻辭裡所保存的歷史、制度和思想，來確定它們的寫作時間。

甲、「河圖」中方色（黃）的被尊崇——「河圖」並不是神話中「龍馬負圖出於河」的圖畫；而是包犧、神農、軒轅（黃帝）、少皞、顓頊五帝（先祖）的享堂（參見學宗三卷一期「五帝思想新徵」，四期「管子幼官圖新疏」等拙文）。古轉注語稱曰 erhetu，義爲帝、河圖（此係清朝精通古轉注語編「三合便覽」（蒙漢字典）的李鈫喇嘛所註）。周易假借「河圖」兩字以紀錄hetu 兩聲。其他的古籍也假借「后土」「玄圖」（揚雄）兩詞爲 hetu 的

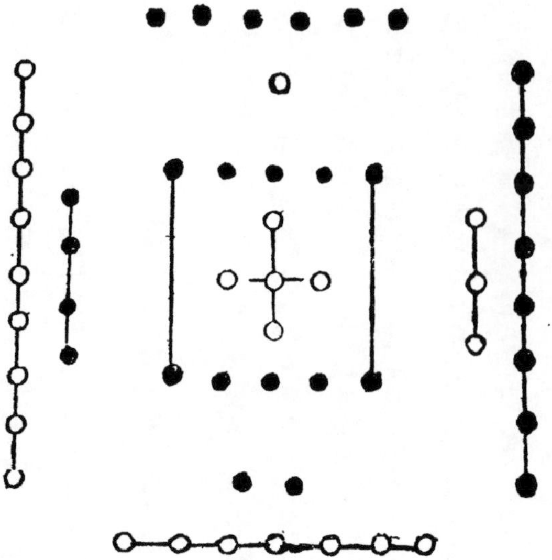

錄音。河圖、后土、玄圖都是先帝的廟。据伏生尙書大傳，包犧的享堂名爲東堂，建於國都東門外八里，八階（層），每階八尺，色青，故包犧稱爲青帝。神農的享堂名爲南堂，建於國都南門外七里，七階，每階七尺，色烾（古文赤字），故神農稱爲烾（後誤爲炎）帝。軒轅的享堂名爲中堂，建於國都中央，五階，每階五尺，色黃，故軒轅稱爲黃帝。少皞的享堂名爲西堂，建於國都西門外九里，九階，每階九尺，色白，故少皞稱爲白帝。顓頊的享堂名爲北堂，建於國都北門外六里，六階，每階六尺，色黑，故顓頊稱爲黑帝。五帝的享堂總名爲

erhetu卽「河圖」（參見墨子、尙書大傳）。周易程傳附有「河圖」，上下顚倒。現在恢復它的原本位置，製版如十四頁(倒置的「河圖」見藝文版覆元至正本易程傳)：東方的八和三就是揚雄玄圖的「三與八成友」，鄭玄月令註所說的「木生數三，成數八」，孔穎達易經正義所說的「天三與地八相得合爲木」的木星星座，代表包犧的享堂。南方的七和二就是揚說「二與七爲朋」，鄭說「火生數二，成數七」，孔說「地二與天七相得合爲火」的火星星座，代表神農的享堂。中央的外十內五就是揚說「五與五（三五）相守」，「土生數五，成數十」（補鄭），「天五與地十相得合爲土」（補孔）的土星星座，代表軒轅的享堂。西方的九和四就是揚說「四與九同道」，鄭說「金生數四，成數九」，孔說「地四與天九相得合爲金」的金星星座，代表少皞的享堂。北方的六和一就是揚說「一與六共宗」，鄭說「水生數一，成數六」，孔說「天一與地六相得合爲水」的水星星座，代表顓頊的享堂。只是從揚雄起並不知道這些數字的所以然。

「河圖」的眞義明白以後，我們便可以知道爻辭裡凡屬提則黃色都是「河圖」的中央色：象辭恰恰把所有黃色都釋爲中央的中。例如：

黃裳，元，吉（坤之六五爻辭）。

本爻的象辭便說：

「黃裳，元，吉」，文在中也。

又例：

田，獲三狐，得黃矢。貞，吉（解之九二爻辭）。

本爻的象辭便說：

「九二：貞，吉」，得中道也。

三例：

鼎黃耳，金鉉，利貞（鼎之六五爻辭）。

本爻的象辭便說：

「鼎黃耳」，中以爲食也。

四例：

黃離，元，吉（離之六二爻辭）。

本爻的象辭便說：

「黃離，元，吉」，得中道也。

四例證明爻辭寫作的年代應在黃帝的享堂稱爲中堂而未改名明堂的時代。中堂改稱明堂是周朝的事，故知爻辭當作於周朝以前。

乙、天干的被重視——天干是甲(nige 一)、乙(hoyar二)、丙(gurba三)、丁(durbe四)、戊(tabu五)、己(jirgoga六)、庚(dologa七)、辛(不明)、壬(yisu九)、癸(不明)共十個殷字，早於由乾坤震巽坎離艮兌剛柔（剛柔，鄭玄作消息，待考）共十個殷字變成的一二三四五六七八九十的十個數字。古史說天干地支是黃帝命大撓所造的名詞；民國二十八年我們看出天干十個字，由於都有古轉注話，應該成立於石器時代，比黃帝似乎長壽得多。夏朝末季便使用天干數字來計記先帝的行輩，如「孔甲」即孔一，「履癸」即履十。殷朝全期計記先帝行輩無不用天干十數，如「天乙」即天二，「沃丁」即沃四，「大庚」即大七，「小甲」即小一，「雍己」即雍六，「大戊」即大五，「中丁」即中四，「卜壬」即卜九，「戔甲」即戔一，「祖乙」即祖二，「祖辛」即祖八，「羌甲」即羌一，「祖丁」即祖四，「南庚」即南七，「虎甲」即虎一，「般庚」即般七，「小辛」即小八，「小乙」即小二，「武丁」即武四，「祖庚」即祖七，「祖甲」即祖一，「廩辛」即廩八，「康丁」即康四，「武乙」即武二，「文武丁」即文武四，「帝乙」即帝二，「帝辛」即帝八。但到了周朝便絕不用天干記數了。——周朝從文王到赧王共三十五位先帝，都用諡號。夏朝自「孔甲」上數的十四位先帝也都不用天干記行輩，從孔甲（公元前一八五七年）開始用甲，到「履癸」（公元前一八〇二年）用癸，中間僅為六十年；殷朝從「天乙」（公元前一七五一年）到「

帝辛」（公元前一一二二年）共二十八位先帝，沒有一位不用天干記行輩的；到了周朝忽然完全不用天干：這證明天干記數在夏末和殷朝最為盛行。

現在看看周易卦辭爻辭用什麼記數？

九五：先庚三日，後庚三日，吉（巽之九五爻辭）。

又例：

先甲三日，後甲三日（蠱之卦辭）。

何謂「先庚」「後庚」「先甲」「後甲」？鄭玄說：

甲者造作新令之日。先之三日而用辛也，取改過自新之義；後之三日而用丁也，取其丁寧之義（周易鄭玄注，藝文版）。

王弼則說：

甲、庚皆「申命」之謂也（周易兼義）。

鄭玄以「甲為造作新令之日」；王弼則以「甲、庚皆『申命』之謂」，兩說殆同源於巽卦象辭「申命，行事」而來。東漢以後，已經不懂天干的甲、庚只是一、七兩個數字了。其實「先之（甲）三日而用辛」即用八日，「後之（甲）三日而用丁」即用四日，「先庚三日」即用四（丁）日，「後庚三日」即用十（癸）日。這是泛指一般事務的吉日，既和「造作新令」即「申命」沒有關涉，更和「改過自新」「丁寧」毫無關係。

除了上述用甲（一）、用庚（八）兩例以外，還有用己。例如：

己日乃孚（革之卦辭）。

孚，古轉注語是huyugele，義爲送食入膆，就是母鳥含虫送入雛鳥膆（鳥胃）中的意思，引伸爲母親喂乳。殷周文寫爲孚(hu)乳(yu)子(ge)□(le)。說文：「孚，卵孚也」，芳無切。「乳，人及鳥生子曰乳，从孚」，乙聲，而(ya)主切，閩南語讀乳若語（yeu），還近古音。「孚，人以爲俘」，从屮，口聲，卽里切。孚乳二字轉注，孚，乳也；乳，孚也。子(ge)□(le)係「後置詞」（日語謂之「接尾語」），在古轉注語法裡，「後置詞」多不和「後置詞」以前的詞相轉注。（此種古語法，殷周後已被淘汰；今惟蒙滿回藏韓日越語仍保存古法。）——上引「己日乃孚」是說「第六天上能有乳吃」。（象辭釋孚爲信，可知作象辭時，便已不知孚字的本義了。）

又例：

己日乃革之（革之六二爻辭）。

句見革卦。革字的古轉注語是bulgari，義爲香牛皮，卽酸化去毛以製靴的皮革。殷周文寫爲鞄(bu)勒(l)革（ga）輅（ri）。說文：「鞄，柔革（工）也」，蒲角切。「勒，馬頭（皮）絡

（鞈）銜也」，盧則切。「革，獸皮治去其毛」，古覈切。「鞈，（生）革可以爲縷束也」，盧各切。鞄勒革鞈四字轉注，鞄，勒也；勒，革也；革，鞈也；鞈，鞄也，都是去毛的柔皮。——上引「己日乃革之」是說獸皮加酸發酵「六日能刮去毛了」。從這爻辭寫作的年代起直到今天蒙古地方及晉陝綏寧各省治革方法和刮毛時間（第六天）依然如舊。現代加酸法係用黃糯米飯。

上述巽、蠱、革三卦卦辭和爻辭裡的用庚、用甲、用己都是夏殷的計數法；周朝業已不用，故知卦辭爻辭應該不是周朝的作品。

丙、「七日來復」的保存——我國古代從舜典所載「在璇璣玉——衡以齊七政（日月五星）」時代始見七星之名，經歷洪範所載「鯀湮洪水，汨陳其五行（水火木金土五星）」，直到周易卦辭、爻辭作成的年代，約千餘年，應會使用「七日來復」即星期制度。見於復卦的例：

反復其道，七日來復（復卦卦辭）。

本卦的彖辭說：

「反復其道，七日來復」，天行也。復，其見天地之心乎？

本卦的象辭說：

先王以至日閉關，商旅不行，后不省方。

這是說「先王以至日」曜這一天，閉上城門，商旅停業，國君不省視方國。此係星期制度，是非常明白易解的。

由於「七日來復」卽星期制度的曾爲中國所發明而且實施很久，形成禍福咎也隨着「七日」而「來復」的思想。例如：

震來，億喪貝。躋于九陵，勿逐，七日得（震之六二爻辭）。

這爻辭的大意是說「丢了幣，不必找，七天便碰上了。」又例：

婦喪其茀，勿逐，七日得（旣濟六二爻辭）。

大意是說「媳婦丢了首飾，不必找，七天便碰上了。」此外記載「反復道」（乾之九三爻辭）、「不遠復」（復之初九爻辭）、「復自道」（小畜初九爻辭）等句，應是「書中暗表」的「七日來復」。

這些都是極爲珍貴的古代史料。過去我們不懂「七日來復」是我國古代的星期制度；現在由於古轉注語的發現，證明星期制度確實存在過。古轉注語「七日」的名詞和殷周轉注文的對照如下表：

中國古代星期表

七曜	古轉注語	殷周轉注文	
日曜	nima garak	㬮(ni)昧(ma)	期(ga)服(rak)
月曜	daua garak	□(da)月(ua)	〃 〃
木曜	hurbu garak	駽(hur)驃(bu)	〃 〃
火曜	mikmar garak	□(mik)□(mar)	〃 〃
土曜	bimba garak	□(bim)□(ba)	〃 〃
金曜	basang garak	白(ba)□(sang)	〃 〃
水曜	lhakba garak	黸(l)黑(hak)蘗(ba)	〃 〃

限於篇幅，這裡只能對於右表作些簡單的說明。

日曜的古轉語是nima garak。ni 卽 nara 的 na的音轉。nara義爲太陽，殷周文寫爲㬮(na)日(ra)。說文：「㬮，安㬮溫也。从日，難聲」，奴案切。「日，實也。太陽之精不虧」，从口，一聲。人質切，誤；國音 ryh，差近古音。𪓐日二字轉注，𪓐，日也；日，𪓐也，都是太陽出來，氣象溫煖的意思。（nara就是日語的ナラ。サヨナラ即 sain nara，殷周文寫爲善𪓐日，乃是「吉日」的意思。日人說此語不懂其意；我們譯爲「再見」，自屬荒謬。）

nima 係在 nara 之下減去 ra 而接上ma，殷周文寫爲𪓐(ni)昧(ma)。說文：「昧，爽旦明也」，莫佩切。𪓐昧二字轉注，𪓐，昧也；昧，𪓐也，都是太陽纔出，氣象溫煖的意思。

星期（曜）的古轉注語是 garak，殷周文寫爲期(ga)朖(rak)。說文：「期，會也。从月，其聲」，渠之切。「朖，明也。从月，良聲」，盧党切。期朖二字轉注，期，朖也；朖，期也，都是五行(tabu mahabot 五行，□□戊明畐□□，畐爲本字，行爲假借字）即五星（加日月爲七星）相會的意思。每曜「七日來復」即各曜相會一次。

木曜的古轉注語是 hurbu garak。hurbu 義爲青色（東方木星色），殷周文寫爲駽(hur)驃(bu)。說文：「駽，青驪馬」，火玄切。「驃，黃馬發白色」，毗召切。駽驃二字轉注，駽，驃也；驃，駽也，都是草青色（上青下白）。

此外，月曜爲 daua（由 delger ur（大圓月）的 de 加 u 而音轉爲 daua) garak，殷周文寫爲□(da)月(ua)。火曜爲𧹞（赤）色（南方火星色），土曜爲黃色（中央土星色），金曜爲白色（西方金星色），水曜爲黑色（北方水星色）。所惜筆者學力還嫌不足，未能逐一考出殷周文如何寫法。但木火土金水五曜都是根據「河圖」五方色而命名，似乎不成問題。

這種「七日來復」即日月木火土金水「七政」當成立於「河圖」（左傳的「方明」即明萌亦是「河圖」）修成以後（夏朝）。由於木火土金水五曜都採用五方色，和五個古轉注語都屬於「合成語」，可以推而知之。「推知」是合乎理則學的，國父用之。

話往回來說，周易卦辭、爻辭裡還紀錄着「七日來復」的星期制度；而彖辭、象辭對它已不知其所以然：故周易卦辭、爻辭應爲殷朝的作品。彖辭、象辭當是周朝的作品。

丁、殷史的被重視——古書著成於什麼年代和什麼地方，通常可以根據書裡常用的史地等名詞而加以攷定。詩「嵩高維嶽」八章，必作於嵩山成爲名山之後；「奕奕梁山，維禹甸之」六章，記載了禹曾開墾梁山；「泰山巖巖，魯邦所詹」，說明閟宮九章必爲魯詩；「洪水芒芒，禹敷下土方」，使我們知道禹從土方（殷文屢見土方）南來治水；「挾泰山以超北海」，透露孟子這話係在齊國所說；讀了「車同軌，書同文」和「今夫地，一撮土之多，及其廣厚，載華嶽而不重」，便知中庸作於李斯以後，而作者必爲華山左右的人。現在打算攷定周易卦辭、爻辭作於何朝何地，也須研究它裡面保存的史地名詞。

首先檢查周易裡的殷史：

高宗伐鬼方，三年克之（既濟九三爻辭）。

又例：

震用伐鬼方，三年有賞于大國（未濟九四爻辭）。

上引兩條係紀載武丁（高宗）對鬼方的戰爭。這一戰役牽延三年之久。大約武丁在這戰役中曾卜得既濟九三和未濟九四兩爻，故被周易爻辭作者所引用。三例：

帝，出乎震；齊乎巽；相見乎離；致役乎坤；說言乎兌；戰乎乾；勞乎坎；成言乎艮（說卦）。

這當是說武丁由東方（震）出兵；在西南方（坤）徵兵；在西方舉行和談或對鬼方展開政治作戰；在西北方（乾）作戰；在東北方（艮）達成了協議。今天把上面的記載和董作賓先生「殷曆譜」裡的「武丁日譜」比照來看，殷文甲骨卜辭各項紀錄大致和說卦相距不遠。（詳見嚴一萍先生爲拙編「戰鬥月刊」所寫「高宗伐鬼方」一文。）

武丁之後，周易爻辭也記載了帝乙。例一：

帝乙歸妹以祉，元吉（泰之六五爻辭）。

又例：

帝乙歸妹，其君之袂不如其娣之袂良（歸妹六五爻辭）。

帝乙，舊說是大乙卽湯；現經殷文甲骨證實是帝辛（紂）的父王。爻辭兩記帝乙歸妹，「其君之袂不如其娣之袂良」（姐姐的衣袖不如妹妹的衣袖漂亮），記事尤為生動有趣。

和帝乙同時，又記有箕子的事：

箕子之明夷，利貞（明夷六五爻辭）。

箕子是帝辛的諸父之一，和帝乙同輩。在微子（啓）和帝辛的王位繼承糾紛（詳見本書二章二章戊段）中，箕子沒有「一邊倒」而遠適朝鮮。明夷的彖辭說：

內難而能正其志，箕子以之。

是說箕子在這糾紛（內難卽內亂）裡卜得明夷一卦，「以」此在「內難」中「能正其志」。

上述周易裡的殷史以外，還有殷地。例一：

喪羊于易（大壯六五爻辭）。

又例：

喪牛于易，凶（旅之上九爻辭）。

鄭玄釋前一易字為「佼易」（交易），王弼釋後一易字為難易的易（傷）。王國維氏考定易是方國名（見「觀堂集林」）；董作賓氏據殷文甲骨考定易是殷國西北方的地名。在「高宗伐鬼方」的第一年，卽武丁二十九年十三月，殷文甲骨已見「鬼方𠂤戋示、易及于牛家」的記載（參見董氏「殷曆譜」）。此外見易爲地名的殷文甲骨還有若干。今天由於田野攷古的實證，可以論定鄭、王兩注只是曲解；而易先爲方國名後爲殷國的地名，於以定論。——上引「喪羊于易」「喪牛于易」都是說羊和牛跑則易地去而失踪了。

史事地名之外，還有祭名。例一：

乃利用禴，无咎（升之九二爻辭）。

又例：

東鄰殺牛，不如西鄰之禴祭，實受其福（旣濟九五爻辭）。

三例：

孚，乃利用禴（萃之六二爻辭）。

禴字凡三見。鄭玄釋禴爲「夏祭名」；王弼釋爲「殷祭名」，羊略切。說文無禴字而有礿字，云：「夏祭也」，以灼切。禴礿音義鄭許幷同，段玉裁以爲重文，是也。鄭許都沒有說禴（或礿）爲周祭名，可以證明爻辭是作於禴祭的朝代。

總結上述卦辭、爻辭裡，高宗兩見，帝乙兩見，箕子一見，都是殷史；易字兩見，都是殷地；禴字三見，都不是周祭：因此當可斷定卦辭、爻辭應是殷朝末期的作品。

戊、常用文字的考定——使用甲骨契成的文書一定是殷朝的作品；刻在青銅上的文書，一定是周朝的作品，例如毛公鼎文和散氏盤文；「之乎者也」是古文；「呀嗎呢啊」是今文：這都是今天的常識了。我們研究一種作品，也可以根據作品裡的常用文句，來確定它產生的年代。——研究周易卦辭、爻辭作成年代，也適用上述方法。現舉亨字爲例：

周易卦辭、爻辭多見亨字，例如：

乾：元亨。利貞（乾之卦辭）。

無妄：元亨。利貞（無妄卦辭）。

坤：元亨。利牝馬之貞（坤之卦辭）。

臨：元亨。利貞（臨之卦辭）。

恒：元亨。利貞（恒之卦辭）。

屯：元亨。利貞（屯之卦辭）。

革：元亨。利貞（革之卦辭）。

此外，亨、小亨一類字句幾乎每卦都有。說文：「亯，獻也。⊖象進孰（熟）物形。孝經曰：『祭則鬼亯之』」。殷文作亯，篆文作亯，隸作亨。許兩切、許庚切，又普庚切。按亯爲周文，从⊖，高省聲。說文佚⊖字，字爲是字的聲母，應爲補足：「⊖，獻也。象孰物形。孰物者，物（牛）醢也。讀如敖。」隸應作⊖（非曰非日）。⊖亯（亨）二字轉注，⊖，亨也；亯，曰也，都是祭天（上帝卽始祖）的羹獻。盖曰亯的古轉注語是 ohi abu，義爲烹肉祭天。古文寫爲曰(o)亯(hi)□(a)烹(bu)，此爲倒裝句；若用殷周文法寫出就是烹曰亯，義爲烹孰物（牛）。（亯又作普庚切，乃由 bu 得聲之故。周易亨、烹不分，其故亦在此。）

由上文證知，元亨乃祭天卽祭始祖的牛醢。自殷文卜辭出土，證知殷人每祭必卜，闡明祖先要亨什麽。例「父甲一牡，父庚一牡，父辛一牡」，都是祖先在兆上說亨牡牛。董作賓氏統計，凡卜祭者五三八，卜亨（卽亯字）者六，可見亨字之多。

所以周易的亨字實爲祭天的血食。文言所謂「元者，善之長也；亨者，嘉之會也；利者，義之和也；貞者，事之幹也」，乃晚周人的曲解。現由田野攷古和語文考古予以證實。

這些亨（血食）字又都是孝字的重文。古轉注語的孝字是 tahimdagu，殷周文寫爲監(ta)血(hi)衊(m)盇(da)衉(gu)。說文：「監，血醢也」，古音 ta，唐音他感切。「血，祭所薦牲血也」，古音 hi，唐音呼決切。「衊，汚（塗）血也」，古音 m，唐音莫結切。「盇，覆（血）也」，古音 da，唐音胡臘切，誤。「衉，羊凝血也」，古音 gu，唐音苦紺切的紺。監血衊盇衉五字轉注，監，血也；血，衊也；衊，盇也；盇，衉也；衉，監也，都是把牲羊肉帶血剁成肉醢覆入皿中以孝祖先的意思。從子孫的立場說，獻血食給祖先或獻血食給父母謂之孝；從祖先的立場說，接受子孫所獻的血食便謂之亨：亨和孝是一字。

殷文的𠆧，殷文的血，周文的享，俗字的享和周文的孝，五字互文。殷文迄今未見孝字，因爲殷朝把孝(hi)字寫成𠆧(hi)血(hi)兩字的緣故。說文：「孝，善事父母者」，係儒家思想。儒家雖然反對「今之孝者，是謂能養」；但以血食「養」祖先和父母畢竟是北京人以來四十萬年的孝道了。這一點可以參看「北京人獵罷歸來圖」（藏於歷史博物館），左方供奉着祖先的髑髏，這是元始的「河圖」；下邊擺設着犧牲，這是元始的孝即享。

——由於卦辭、爻辭多有亨（殷字）字而無孝（周字）字，可以斷定卦辭、爻辭當非周朝的作品。萃之象辭一見「孝享」，這說明象辭比卦辭、爻辭都爲晚出。

綜合上列關於「河圖」、天干、「七日來復」、殷史和文字的研究，可以證定周易卦辭、爻辭是殷朝晚期的作品。至於彖辭、象辭、文言只是卦辭、爻辭的註釋，可能是晚周的作品；繫辭、序卦（說卦在外）必較彖辭、象辭、文言更爲晚出。雖保存一些殷朝的思想，但引用時要別具慧眼。序卦一篇則很荒唐，因爲它是八卦重爲六十四卦而次序紊亂成爲漢以來傳本形式以後所作的牽強附會之說。周易原本應依☰(乾)八個重卦、☷(坤)八個重卦、☳(震)八個重卦、☴(巽)八個重卦、☵(坎)八個重卦、☲(離)八個重卦、☶(艮)八個重卦、☱(兌)八個重卦編列，並只有卦辭、爻卦。在象辭寫作之前，有人拈出卦辭、爻辭裡一或二字，作爲六十四卦的標題，如論語第一篇用「學而」，孟子第一篇用「梁惠王」，純爲醒目易查，實無深義。詳見拙作「新編周易讀本」。

附帶略說爻辭、彖辭、象辭的意義。所謂爻辭，係貞人在爻上中旁三邊所契的詞句，古人以爲這是上帝的感應。彖，說文：「彖，豕也。」古轉注語是 torogu，義爲一年生的猪。殷周文寫爲彖(to)□(ro)彘(gu)。彖辭的彖，係古轉注語 tasulo，義爲決斷。周易假借豬義的彖(to)爲決斷的斷(ta)：故彖辭就是決斷本爻的詞句。象，說文：「象，長鼻牙」，「豫，象之大者」。古轉注語是uher，八百年來誤以爲牛。殷周文寫爲豫（u）象(her)。象辭的象，係古轉注語hele，義爲話說。周易假借豫象的象(he)爲解說的話(hele話說)。爻係本字，彖、象都是假借字。由於彖、象兩字都是假借字，而周朝人最好使用假借字（詩經的字至少十分之三是假借字）：故彖辭、象辭應爲晚周的作品。

第二章　中正哲學

一　由宗教思維到哲學思維

根據本書第一章的研究，我們知道周易就是周密的兆(duguriktu tihiya)。兆古音 ya，今音姚，爲本字；易古音ya，今音蜴，爲假借字。兆是灼龜問卜時出現的裂紋（後來變爲揲著所得的數字）。古代作子孫的人，遇事都向天(tegri天三一即成神的祖先)請示麻咎可否，謂之卜卦貞（belgede）。天在接受了子孫的感格而給予反應，便見於龜甲上的兆。天三一(tegri)字，大約在周末假借太極(tegr)二字以紀錄天三（tegr）的讀音；楚人又呼天三一爲太一(tegri)；史記天官書名天三一爲天極（tegr)星。證知在古人的思維裡，天（太極、太一、天極）有靈魂，居住在天體（oktargai）的中央。所以北京人纔在他們的石洞裡供奉着天（祖先）所遺留的靈魄（髑髏），享以血食。這自是四十萬年前「河圖 」(erhetu帝、神即先祖、河圖）的原始狀況。中間經過「大石文化」期，豎立巨石爲祖ㄙ（下圖，轉錄丁龍驤「中國地形」）即社土（seme寺廟）。土音 me，即牡字聲母的土，不是 torok(土塊凷)的土，殷文作ㄙ，象形。篆隸訛爲土。到帝堯時名爲衢室，舜曰總章，夏曰世室，殷曰陽館又曰重屋，周曰明堂，都是「河圖」。

上述的思維，從上古直到殷末本來僅是宗教的思維，換句話說，就是拜祖教。但到了周易卦辭、爻辭寫成的時代，約三千餘年以前，這種宗教的思維變成爲卦辭、爻辭的作者的宇宙（irtenchu 宇□宙）觀。太極（天）是「生兩儀」——天（太極）是「造分天地，化成萬物」（說文）的惟一的先帝。換句話說，太極創造宇宙——宇宙是太極的創作。這樣，天由曾經實在的祖先變成抽象名詞的太極。周易爻辭和儒道兩家又假借「所行道也」（說文）的道（turo 道路）以代天字：於是天由曾經實在的祖先又變成抽象名詞的道（道古爲透母）。天（te）太（te）道（tu）三字的嬗變，在語文學上謂之「同聲通假」。

——由此證知：

反復其道，七日來復（復之卦辭）。

句裡的道字就是天字。故曰：

「反復其道，七日來復」，天行也。

這是復卦象辭裡的話。象辭雖然成立較晚，也多有附會；但這天行兩字恰好保存了古代的思

興安嶺上的仐

維。因此我們對於老子的話也懂得了：

有物混成，先天地生。寂兮寥兮，獨立不改，周行而不殆，可以爲天下母。吾不知其名，字之曰道。

也是說太極「先」於「天地」而「生」，「和太極生兩儀」是同型的思維。這「先天地生」的「混然」「物」「字曰道」，亦正謂天（太極）就是道。

天三爲本字，太極爲天三的假借字，道亦爲天的假借字：天、太極、道都是 tegri 即成神的祖先。天行由七曜表現出「七日來復」，「周行而不殆」：故曰：「天行，健。君子以自強不息」。到此便爲「天人合一」。——宇宙觀、人生觀打成一片了。

君子終日乾乾（乾之九三爻辭）。

「終日乾乾」是說「人行」要像草木乾乙(guyu前進)乾乙(guyu 前進)，日進不已，以合「天行」。象辭：

「終日乾乾」，反復道也（乾之九三象辭）。

恰恰指出「天人合一」的思維。

復自道，何其咎？（小畜初九爻辭）

這是說：「來回在道上走——不違『天行』，還會有什麼災難？」

不遠復，無祇（疾）悔（復之初九爻辭）。

這是說：「不遠離『天行』『反復』的『道』，便無疾無悔。」即「天人合一」的效果。

這就是周易一書在中華文化裡的價值：它把遠古流傳到殷的宗教思維，轉化爲宇宙觀和人生觀，建立了有根源的「天人合一」的哲學思維。

上述的研究，揚棄了周漢以後的玄虛，都有語文學考古學上的證據。直到東漢許愼還繼承周易的思維，所以他那十五卷空前絕後的大作說文解字才把「一」字釋爲：

惟初太極，道立於一。造分天地，化成萬物。

因爲「一」是天三一（tegri 天、神）的「一」，天，三（乾）也；三，一也；一，天也，古轉注語耳。他雖不解古轉注語，但他知道「一」就是天。否則他對於「一」的說解豈不莫名其妙？許愼所下「一」的定義就是天的定義，也是太極和道的定義。

周易裡保存着的「天人合一」本是上古傳留下來的宗教思維。宋儒周子（敦頤）牽道入儒，在太極（天）上加以「無極」，便把「天人合一」的思維給帶到虛無的深淵裡去了。朱子（熹）接着說：「太極是天地萬物之理」，「人人有一太極，物物有一太極，」就更爲玄之又玄。太極是天即先帝始祖，「人人有一太極，物物有一太極」，然則人人物物都能「太極生兩儀」嗎？直到陸子（九淵）纔從這深淵中躍起，他說：

宇宙便是吾心；吾心便是宇宙（楊簡「象山先生行狀」）！宇宙是天，吾心是人。又說：

宇宙內事，乃己分內事；己分內事，乃宇宙內事（同上）。

這是「天人合一」。——「天人合一」宗教思維的本來面目又重現了，但完全切合人生。今天人人若都具有象山的抱負和氣魄，纔算眞正復興了中華文化。

二　中正哲學

周易卦辭、爻辭保存着由上古傳到殷朝末期中國的宇宙觀和人生觀——「天人合一」的宗教思維或宗教哲學；還保存着中正的做人做事卽修身齊家治國平天下的古代思維，朱子（熹）名之爲「中正之歸」，本書名之爲中正哲學。

先談中字的原始意義。在本書第一章第三段甲節「河圖中方色（黃）的被尊崇」裡曾大略談過，中字就是中央的中。「河圖」中央是軒轅的中堂。國君的宮便建築在中堂的東南西北四面，圍繞着中堂。春時，青帝包犧當令，國君便穿上青色的衣服，懸上青色的旗幟，在青陽（東宮）辦公；夏時，炎帝神農當令，國君便穿上赤色的衣服，懸上赤色的旗幟，在明堂（南宮）辦公；秋時，白帝少皞當令，國君便穿上白色的衣服，懸上白色的旗幟，在總章

（西宮）辦公；冬時，黑帝顓頊當令，國君便穿上黑色的衣服，懸上黑色的旗幟，在玄堂（北宮）辦公；到了季夏之月，軒轅黃帝當令，國君便穿上黃色的衣服，懸上黃色的旗幟，在中宮辦公。漢儒以次都無法繪出中宮的位置，其實中宮就是中堂。古轉注語室堂稱爲 tanghim，殷周文寫爲堂(tang)室(him)，堂，室也；室，堂也：證知中宮就是中堂亦卽中室。只有季夏一個月，國君是在軒轅黃帝的廟裡辦公（孫武「廟算」一詞出典於此）：時間寶貴，養成了尊重「中」的思維。黃裳、黃矢、黃耳、黃離四爻都吉（見第一章「卦辭、爻辭作成的年代」甲節），便是基於上述的思維。

中堂的古轉注語是 jegei tanghim，義爲中央的堂室。jegei的殷周文寫爲中仲。說文：「中，內也」，从丨（tihiya 丨卽兆字），口聲，古音 je，唐音陟弓切。「仲，中也」，从中，人聲，古音 gei，唐音直衆切，稍差；應讀更字的入聲。中仲二字轉注，中，仲也；仲中也，都是不左不右不上不下不前不後的意思。試看周易裡中字的意義：

有孚。窒；惕。中，吉；終，凶（訟之卦辭）。

有乳。始期窒；中期吉；終期凶。

王假（古音 ha，此借爲亨）之，勿憂。宜日中（豐之卦辭）。

先王來亨，無須憂慮。應在中午上供。

豐其蔀，日中見斗（豐之六二爻辭）。

豐其沛，日中見沬（豐之九三爻辭）。

豐其蔀，日中見斗（豐之九四爻辭）。

這是古代的觀星術。堯典：「日中，星鳥」，「日永，星火」，「宵中，星虛」，「日短，星昴」就是最古的觀星術。「日中，星鳥」是說中午看見朱雀星在南方。中午，日光正強，肉眼怎能看見朱雀星？所用的方術卽爲「豐其蔀」，是在天文臺頂覆上豐厚的草蓆，使臺裡黑暗，再由草蓆的洞裡去看。上列三個爻辭是說「豐其蔀，中午看見北斗（batu dologa北□斗料星）」，「豐其紱，中午看見沬（當卽尾星）」。

無攸（往），遂在中饋（家人六二爻辭）。

打獵（打仗）的時候，家中婦人沒處去，就在室中作便當（budaga 簞簞簋）。

卽鹿，無虞；惟入于林中。（屯之六三爻辭）

接近了鹿，沒有黑虎；可是鹿逃入樹林中去了。

以上七個中字都是中間、內裡的意思。下列這六爻却隱藏着周朝以後人所不知的古史。

包荒用馮河，不遐遺。朋亡。得尙于中行（泰之九二爻辭）。

使用草包渡河，走不多遠就遺失了。無朋友（或無貝，此于思泊氏之說）。在中軍的行列裡得到好處。

中行獨復（復之六四爻辭）。

中軍單獨回營了。

在師，中吉（師之九二爻辭）。

在包圍戰（獵）裡，中行吉。

益之用凶事，无咎。有孚中行（益之六三爻辭）。

用益卦六三爻對付凶事，無禍。中行有乳吃。

中行，告公從，利用爲依遷國（益之六四爻辭）。

告公（名告的公爵）在中軍，利用爲依遷國。

中行，无咎（夬之九五爻辭）。

中軍，無禍。

這六個中行都是上古打獵的中軍，就是打獵的指揮部。當田獵時代，從上古到殷朝，出獵的部隊分爲左右兩行，分化爲東南西北四行。由中行的后君（hagan 本爲指揮圍獵的長子，唐以後義爲皇帝即可汗）指揮，向着預定的田野（tariya 田里野）即圍場分進合擊，聚而殲之。這位后君必是長子，故曰：

長子帥師（師之六五爻辭）。

本爻的象辭說：

「長子帥師」，以中行也。

知殷朝田獵仍採「長子帥師」的古法。上文的軍字，說文釋爲「圜圍也。四千人爲軍。軍，兵車也」，舉云切。軍釋「圜圍」，就是我所說的「左右兩行」「化爲四行」「分進合擊」。至於「四千人爲軍」和「軍，兵車也」乃是周朝車戰的編制，去古義已遠。軍字的古轉注語是uklelge huklelge，義爲見獸齊叫圍上。周文寫爲圍(u)困(k)囹(lel)固(ge)回(hu)困(k)囹(lel)固(ge)。說文：「圍，守也。」古音u，唐音羽非切。「困，故廬也」，這是假借義；爲人所扼曰困，左傳宣十二年「困獸猶鬥」，是其本義。古音k，唐音苦悶切。「囹，獄也。」圜困罪人於獄之意。古音lel，唐音郎丁切，郎母不正確。「固，四塞也。」四面包圍。古音ge，唐音古慕切。「回，轉也。」古音hu，唐音戶恢切。圍困囹固回困囹固八字實爲五字，五字轉注，圍，困也；困，囹也；囹，固也；固，回也；回，圍也，都是「見獸齊叫圍上」即「分進合擊」的意思。而固字的重文爲軍，固爲「四塞」，軍爲「圜圍」，聲義全同。（運惲暈都由軍字得聲而爲u聲即圍聲，揮輝都由軍字得聲而爲hu聲即回聲，確證軍爲固的重文。）由這兩個不能分用的古轉注語證知：軍字的本義是打獵圍獸；周朝纔借爲兵車編制。

上文的師字，古轉注語是 haga，義爲關閉、合圍。殷周文寫爲師(ha)帀(ga)。說文：「師，二千五百人爲師。」从帀，𠂤（hudege 𠂤自□的hu）聲，古音 ha，唐音疎夷切。「帀，周也。」古音ga，唐音子荅切。師帀二字轉注，師，帀也；帀，師也，都是關閉封鎖合圍的意思。由此證知：師字的本義也是打獵圍獸。「二千五百人爲師」係假借字。——師、軍兩字都是說田獵時代「左右兩行」「化爲四行」「分進合擊」。故「長子帥師」就是長子指揮中行，遂行田獵。

這種田獵方法，殷周以後變爲戰術。而殷初「避居北野」的「夏后氏之苗裔」——匈奴(sina虛宼)的冒頓（mantol 孟□，長子）繼承這種戰術。史記匈奴傳載，冒頓「縱精兵四十萬騎，圍高帝於白登」，下接着說：

其西方盡白馬，東方盡青駹馬，北方盡烏驪馬，南方盡騂馬。

中行的冒頓當然盡騎黃馬。東青、南騂（紅）、中黃、西白、北烏（黑），這不是「河圖」的五方色麼？八百年前拔都率領「長子軍」數十萬橫掃中亞和東歐，仍用田獵戰術。

發掘出這段古史，證實中仲（jegei）字爲涉訟、獻亨、觀星、治家、田獵以至作戰的適當位置。但「河圖」的宗教思維支配着周易卦辭、爻辭、彖辭、象辭的諸作者，使這適當位置的中字脫離不出宗教的範疇。試舉數例。說明如下：

周易乾之第三卦（數字依拙作「重編周易讀本」），殷末用本卦初九爻辭的「无妄」作爲本卦的標題：於是標題和卦辭聯成爲：

无妄。元亨。利貞。

「无妄」和本卦卦辭「元亨。利貞」只是標題和正文的關係，如論語「學而」篇的「學而」（標題）和「子曰：『學而時習之……』（正文）」的關係。彖辭作者不知這種道理，便作彖辭說：

无妄，剛自外來（按謂上乾）而主於內（按謂下震），動而健，剛中而應，大亨以正，天之命也。

這是彖辭所見的第一個中字和第一個正字（依拙作「重編周易讀本」次序）。以中、正爲天命，正是宗教的思維。這是第一例。

坤之第二卦（坤）的六五爻爻辭：

黃裳，元吉。

象辭說：

「黃裳，元吉」，文在中也。

尊重「河圖」中央的黃色，仍是宗教的思維。這是第二例。

坤之第五卦（師）的九二爻辭：

在師，中，吉。

象辭說：

「在師，中，吉」，承天寵也。

尊重「河圖」中央的黃色，以軒轅黃帝爲天，仍是宗教的思維。這是第三例。

坤之第八卦（臨）的卦辭：

元亨。利貞。

彖辭說：

剛浸而長，說而順。剛中而應，大亨以正，天之道也。

以中、正爲天道，仍是宗教的思維。這是第四例。

震之第二卦（豫）的六五爻爻辭說：

疾，恒不死。

本是卜疾的兆；但象辭說：

「疾，恒不死」，中未亡也。

把死不死的問題都放在「河圖」中央黃色的亡不亡，意謂軒轅黃帝尙「未亡」，故雖有「疾」，「恒不死」，老老實實是宗教的思維。這是第五例。

震之第五卦（解）的九二爻爻辭說：

田，獲三狐，得黃矢，貞，吉。

田獵中獲得三狐帶着先被獵人射中的黃矢，事屬平常；象辭却說：

「九二：貞，吉」，得中道也。

把平常的事也說得和「河圖」中央黃色有神秘關係，仍是宗教的思維。這是第六例。

但這類宗教的思維，在夥多的彖辭、象辭裏却進步到哲學的思維境界，這就是我們要證明的中正哲學了。

中字是中仲(jegei)的簡化，本段上文已經說過了。正字的古轉注語是jahidal，義爲正。殷周文寫爲正(ja)是(hi)□(dal)。說文：「正，是也。」古音ja，唐音之盛切，由脂母轉入歌母。「是，直也」从正，日(ohi 日音的hi)聲，古音hi，集韻上紙切。□(dal)字已佚，而在定、題、隄等字裏作爲聲母。正是二字轉注，正，是也；是，正也，都係正直即中正的意思。

中字在卦辭、爻辭裏共見十三個；而在彖辭、象辭裏却共見七十一個，增五・四倍強。正字只一見於卦辭（无妄）；而在彖辭、象辭裏却見三十六個，增三十六倍。中正聯文共見十九個，全在彖辭、象辭。而時間中正則謂之時（（hiri 時曆），共見二十個。總計中正、中、正、時共見一六〇次，較周易裏任何慣用的字彙都多。此外講「位不當」「不正」「未當」者十六見，「未當位」者三見，都是中正的反面。由統計數字證知，周易（不含文言，繫辭等篇）旨在建立中正哲學。

本節使用歸納法，將周易裏的中正哲學略依大學正心、修身、齊家、治國、平天下，和作戰、克難的次序，整理如下。

甲、「各正性命」

在「河圖」裏禘祀着庖犧、神農、軒轅、少皡、顓頊五位先帝之上還有一位最元始的先帝，名字是天☰一，就是「惟初太極」的太極，也就是天極星(tegri chahir 天☰一晨星）的天極。古人相信他「造分天（oktargai)地(tariya)，化成萬物」，所有世上的萬物——包括着「萬物之靈」的「人」都是這位先帝的子孫。古人並且相信他把生命和心性賦予下界的子孫，這就是中庸所保存的「天命之謂性」。這仍是宗教的思維。演進到卦辭、爻辭寫成的時代，人們已有「率性之謂道」——循着先帝賦予的善性便合於先帝的道——「天人合一」的宗教哲學。這裏邊雖然殘留着宗教思維；但已進入哲學的範疇。因爲道字雖然是天字的假借，已見本書第二章第一節；但到了這時它已自成一種哲學了。進一步到了彖辭、象辭寫成的時代，又演進爲「各正性命」——人生哲學。

「各正性命」和大學的「正心」是同意的詞彙。命字的古轉注語是 amala，義爲派遣、差遣。殷周文寫爲□(a)命(ma)令(la)。命令的命字假借爲生命的命字，古轉注語是 amin，義爲命、氣息。古人認爲子孫的生命和氣息是「天命」的。「天命」的「性」，古轉注語是 sethilge，義爲心、性、情。殷周文寫爲心(set)性(hil)情(ge)。說文：「心，人心，土藏，在身之中。象形。」古音se，唐音息林切，誤爲曉母；大雅「吉甫作頌……以慰其心」，心和頌(yisu 顏頌)同爲 se、su 聲，心讀如松，周音不誤。「性，人之陽氣，性善者也。」古音 hil，唐音息正切。「情，人之陰氣，有欲者也。」古音 ge，唐音疾盈切。心性情三字轉注，心，性也；性，情也；情，心也。就形而言謂之心，心的良知良能謂之性，心的欲望謂之情。張子(橫渠)說「心統性情」，與古轉注語全合。古代科學還未發達，不知心是血臟，並以性爲陽氣，情爲陰氣，這是無須誹議的。儒家和新儒家辯論紛紛的心性問題(和理學、心學問題)，實是文字的遊戲。

由此證知「正性命」就是大學的正心。「正性命」一詞見於乾之一卦(乾)的彖辭：

乾道變化，各正性命，保合大和，乃「利貞」。

係卦辭、爻辭的註釋。大意是說：天三(乾)一(先帝)的道是變化的，由初九「潛龍勿用

（龍星未當令的冬時）一變爲九二「見龍在田」（龍星升出地平），二變爲九四「或躍在淵」（龍星落入地平），三變爲九五「飛龍在天」（龍星當令的春時），四變爲上九「亢龍有悔」（龍星不當令的夏時）。天象冬春夏的變化是如此，人事亦然，所以九三「君子終日乾乾，夕惕若」，謂人應該「各正性命，保合大和」即正心養氣，纔能占到這樣好卦（利貞）。古人認爲天☰」這位先帝「帝處北辰，運之以斗」（參見淮南子），指揮着東方蒼龍、南方朱雀、西方白虎、北方玄武（共二十八宿），運行不息（參見高魯「星象統箋」）。這當然是神話；乾卦據而寫成，乃是「聖人以神道設教而天下服」。——我們在這裏注意的不是神話，而是「君子終日乾乾，夕惕若」即「正性命」的人生哲學。

怎樣實踐這種人生哲學？茲分爲國君和君子兩個層次來說。國君的實踐方法在坤之第三卦（復）卦辭：

反復其道，七日來復。

本卦的彖辭說：

「反復其道，七日來復」，天行也。復其見天地之心乎？

本書第一章第三節丙段說過「七日來復」是古代的星期制度。那是歷史。這裏要談卦辭、彖辭裏的人生哲學。綜合卦、彖兩辭的大意是說：天行七日來復，永恒不息；人行若法天行，便發現了「天地之心」，也就是「正性命」了。故本卦初九爻辭「不遠復，无祇悔」（不遠離「七日來復」，無疾悔）的象辭說：

「不遠」之「復」，以修身也。

就是大學所說的「心正而後身修」。本卦六二爻辭「休復，吉」（悚懼於「七日來復」，好）的象辭說：

「休復」之「吉」，以下仁也。

這是說悚懼於「七日來復」之所以爲「吉」，由於下達仁政，卽謂國君不只空設怵懼，而要實踐行仁。本卦六五爻辭「敦復，无悔」（實實在在地實踐天行，無悔）的象辭說：

「敦復，无悔」，中以自考也。

鄭玄釋考爲成，誤；考乃耂老考（mairak(g)義爲老得沒牙了）的考，此辭裏假借爲試課（silga，義爲考試）的課。「中以自考」就是以中自課——以中道「正性命」。

如果國君不能實踐上述「正性命」的人生哲學，結果便如本卦上六爻辭所說：

迷復，凶！有災眚。用行師，終有大敗，以其國君凶，至於十年不克征。

本爻的象辭說：

「迷復」之「凶」，反君道也！

其次，君子和平民的實踐方法則在巽之第一卦（小畜）初九的爻辭：

復自道，何其咎？

這是說反復實踐在天行的道上，還有什麼禍災？

但「復自道」以「正性命」並不是易事，故本卦九二爻辭接着說：

牽復，吉。

本爻的象辭說：

「牽復」在中，亦不自失也。

孔穎達註釋「牽復」爲「連牽，反復」，程頤採之，均誤。牽字的古轉注語是 chirga，義爲牽引力。周文寫爲掔（chir）牽（ga）。說文：「掔，牛很（犯）不從，引也」从牛，臤聲，古音chir，唐音喫善切。「牽，引前也。从牛，冖象引牛之縻也。玄聲」，古音 ga，唐音苦（古）堅切。掔牽二字轉注，掔，牽也；牽，掔也，都是用力拉物的意思。證知「牽復」是用力拉着性命復於中道之上，就是勉力行中以「正性命」，正是未濟卦「曳其輪」的象辭所說「中以行正」的意思。

君子和平民若不勉力行中以「正性命」，其結果是本卦九三爻爻辭所說：

輿脫輻，夫妻反目。

脫字殿本作說，誤。輿車脫離了皮輻(bulgeri 輻轢卽鞄勒革輅，香牛皮）卽輿和輻不能「各正性命」，輿不能行；夫妻不能「各正性命」，家人反目：所以本爻的象辭說：

「夫妻反目」，不能正室也！

倘若實踐這種人生哲學，便如艮之第一卦（大畜）九二爻辭所說：

輿說輹。

說卽悅。恰和「輿脫輻」相反卽輿和輹「各正性命」，故本爻的象辭說：

「輿說輹」，中無尤也。

乙、「中以正邦」

政治一詞的定義，在孔子的字典裏是「政者，正也。——子（季康子）率以正，孰敢不正」（顏淵）？他說：「其身正，不令而行；其身不正，雖令不從」（子路）。又說：「苟正其身矣，於從政乎何有？不能正其身，如正人何」（子路）？因此他贊美帝舜說：「無爲而治者，其舜也與？夫何爲哉？恭己，正南面而已矣」（衞靈公）。孔子的思想自是周易卦辭的道統。本書第一章第三節甲段「河圖中方色（黃）的被尊崇」裡所引「黃裳，元吉，文在中也」，「田，得黃矢，得中道也」，「鼎黃耳，中以爲食也」，「黃離，元吉，得中道也」，那是談歷史。本段專談屬於國君的中正哲學。

巽之第七卦（漸）的彖辭說：

進以正，可以正邦也。其位剛，得中也。

坎之第一卦（需）的彖辭也說：

位乎天位，以正中也。

彖辭不是孔子所作；但彖辭所提示的「中以正邦」確如孔子手筆。而且不僅舉出正、中、正中兩個抽象的字，還為國君繪出中正哲學的體系。統計歸納所得，計有四條。

一、「兌說」——乾之第八卦（履）的彖辭說：

「履」，柔「履」剛也：說而應乎乾。剛，中正；履帝位而不疚，光明也。

履卦上乾(tegri 天☰ 一) 下兌(duliyen 兌☐說，義為溫柔)，說卦「乾為天，為君，為健（剛）」，「兌為澤，為說（悅），為少女」：故本卦的卦象是「柔履剛」也就是「說（溫柔）而應乎乾」。天是中正的；國君以「光明」對越之，故「履帝位而不疚」。國君不僅止於「說而應乎乾」，而且要「說」以臨民，故兌卦彖辭說：「說以先民，民忘其勞；說以犯難，民忘其死。說之大，民勸（勉）之矣。」

二、「重明」——離之第六卦（離）的彖辭說：

「離」，麗也。日月麗乎天，百穀草木麗乎土。——重明以麗乎正，乃化成天下。

離為純卦，上離下離，烄尞（804，義為火炬）高照，故曰重明。這和「詢于四岳，闢四門，明四目，達四聰」（舜典）自屬一個道統。重明燭照萬里，無人不正，就是「化成天下」了。

三、「尚賢」——艮之第一卦（大畜）卦辭說：

不家食，吉。

這是說有家的諸侯，不為一家的溫飽，就吉。這和孟子反對「利吾家」（梁惠王），自屬一個道統。本卦的彖辭為「不家食」作了詳闢的注釋：

「大畜」，剛健篤實，輝光日新。其德剛上（從鄭玄斷讀）而尚賢。能止健，大正也。「不家食」，養賢也。

「不家食」的具體說明是「尚賢」和「養賢」。這和老子「不尚賢」分明是兩個道統。除大畜卦發揮「尚賢」「養賢」的中正哲學之外，艮之第三卦（頤）的卦辭和彖辭說得更為具體。卦辭是：

貞吉。觀頤；自求口實。

本卦的彖辭是：

「頤：貞吉」，養正則吉也。「觀頤」，觀其所養也；「自求口實」，觀其自養也。——天地養萬物，聖人養賢以及萬民。「頤」之時，大矣哉！

頤是顧頤(huyuge，義爲膝子）的頤(yu)，又寫爲㕉(hu)匜(yu)，義爲動物的結喉。這是古轉注語的名詞。這個名詞變爲動詞就是孚(hu)乳(yu)子(ge)□(le)，義爲送食入膝，見本書第一章第三節乙段。本卦用初九爻「觀我朶頤」的頤字標題。「朶頤」即動（從鄭玄）頤，象辭引伸爲供養(elberil 養蛬□□，義爲「今之孝者是謂能養」）。「所養」指有家的諸侯供養賢者和人民；「自求口實」指諸侯供養自己的家人。「養正則吉」是說養家人兼養賢者和人民爲正，就吉了。養賢以及萬民是聖人，「與天地合其德」。

四、「甘節」——坎之第八卦（節）的卦辭說：

苦節，不可貞。

本卦的彖辭說：

「苦節，不可貞」，其道窮也。說以行險；當位以節；中正以通。——天地節而四時成。節以制度，不傷財，不害民。

這卦的「節」字就是中庸「發而皆中節謂之和」的「節」。「苦節，不可貞」是說「發而」不「中節」，即苛薄成家，不是好卦，故曰：「其道窮也」。「說以行險」就是上文所引的「說以犯難，民忘其死」。「當位以節」就是彖辭下文的「節以制度，不傷財，不害民。」

「說」和「節」都須「以」(用)中正而「通」於「天地節而四時成」。效果在本卦九五爻辭：

甘節，吉。往有尚。

本爻的象辭說：

「甘節」之「吉」，居位中也。

「甘節」爲「苦節」的正面。「苦節，不可貞」，故「甘節，吉」。而「甘節」之所以「吉」，由於「居位中」的緣故，就是說中正哲學可以指示國君而使之「吉」「往有尚」。

上述「兌說」、「重明」、「尙賢」、「甘節」構成屬於國君的中正哲學體系。——執筆至此，回憶先師武先生爲不肖講周易，曾說過「周易、大學、中庸是內聖外王的學問」。事隔四十餘年，學殖久荒，師說經義都已忘光了。不知上文所述「中以正邦」是否就是先師所講的「內聖外王的學問」？我想大概應該是對的。

丙、「衆正可王」

周易哲學以中正對越上帝爲首，无妄、臨兩卦象辭「大亨以正」，大壯象辭「正、大而天地之情可見矣」，渙象辭「王乃在中」……都是中正對越上帝。這屬於宗教思維。其次是用中正處理人事。現分四項述之。

一、正下——坤之第一卦（泰）卦辭：

泰：小往；大來，吉。亨。

本卦彖辭說：

「泰：小往；大來，吉。亨。」則是天地交而萬物通也。上下交而其志同也。

卦、彖辭的意思是說：實踐中正哲學，看起來雖是「小往」的事情；但却可以得到「上下交而其志同」即「大來」的效果。如果不能實踐中正哲學，便如震之第八卦（歸妹）彖辭所說：

天地不交而萬物不興。

因此，周易出現兩個爻辭，證明上述的道理。在泰之六五爻爻辭說：

帝乙歸妹以祉，元吉。

祉，鄭玄釋爲禮，又釋爲福；許愼釋爲福，陸德明從之；王弼釋爲禮，程頤從之。按：祉釋爲禮，是矣。紂父帝乙嫁女中禮，上吉。故本爻的象辭說：

「以祉，元吉」，中以行願也。

這是說：中正哲學可以達成「願」望。然則什麼是帝乙嫁女的中正之禮呢？歸妹爻辭說得十分具體：

帝乙歸妹，其君之袂不如其娣之袂良。

本爻的象辭說：

「帝乙歸妹，不如其娣之袂良」也。其位在中，以貴行也。

古禮：王室嫁女，以娣爲媵（陪嫁），就是姊妹同侚一壻。堯以二女妻舜，最爲先例；春秋時代仍在盛行。據此，妻爲長女，位貴；娣爲次女，位次。程頤說：「至貴之女，不得有貴驕之志。——貴女之婦唯謙降以從禮，乃尊高之德也；不事容飾以說（悅）於人也。娣，媵者，以容飾爲事者也。衣袂，所以爲容飾也。尊貴之女尚禮不尚飾，故『其袂不及其娣之袂良』也」。程說是：姐姐（君）的衣袂樸實，是合於禮的；妹妹（娣）的衣袂漂亮也是合於禮的；合於禮就是合於中正哲學，故曰「其位在中，以貴行也」。

帝乙歸妹，必是殷末一段快炙人口的大事，泰卦、歸妹卦都用此事，其價值和高宗伐鬼方兩見相等。而歸妹之所以「元吉」，想來可能帝乙因此獲得了一個「因國」（參見拙著「因國史」）。得「因國」爲王天下的一法，正是「小往；大來」。

二、正友——乾之第六卦（同人），全部都用中正哲學以對待朋友。初九爻爻辭：

同人于門，无咎。

本爻的象辭說：

出「門」「同人」，又誰咎也？

九五爻爻辭：

同人先號咷而後笑。

本爻的象辭說：

「同人」之「先」，以中直也。

上九爻爻辭：

同人于郊，旡悔。

本爻的象辭說：

「同人于郊」，志未得也。

這象辭和爻辭矛盾：爻辭既說「旡悔」，則象辭不得說「志未得」：故兩者必有一誤。「旡悔」構詞簡單完整，不應致誤；「志未得」則較複雜，可能衍「未」字。本卦大意是：「有朋友在門外，沒錯」，「先號咷而後笑」是說中直可以轉變口舌爲愉快；「有朋友在田野，沒悔」：故象辭應作「同人于郊，志得也。」各家註釋似都牽強。

上列三爻是說用中直處友于旅途（門）于逆境于田野都有好效果。惟六二爻爻辭說：

同人于宗，吝。

本爻的象辭說：

「同人于宗」，吝道也。

這是說處同人如使用宗廟（說文：宗，尊祖廟也）的禮儀如序爵旅酬燕毛等階級觀點，便不合於中正哲學，故曰「吝道也」。

三、正屬——對於部屬也專設一卦以發揮中正哲學，這就是坤之第二卦（臨）。本卦用卦內「咸臨」「甘臨」「至臨」「知臨」「敦臨」等臨字為標題。臨字的古轉注語是 ujegulel，義為觀覽。殷周文寫覞(u)見(je)觀(gu)覽(lel)，觀覽的重文寫監(gu)臨(lel)。說文：「覞，好視也」，古音 u，唐音於為切。「見，視也」，古音 je，唐音古甸切，由脂母轉入歌母。「觀，諦視也」，古音 gu，唐音古玩切。「覽，觀也」，古音 lel，唐音盧敢切。覞見觀覽四字轉注，覞，見也；見，觀也；觀，覽也；覽，覞也，都是觀覽的意思。「監，臨下也」，古音 gu，唐音古銜切。「臨，監臨也」，古音 lel，唐音力尋切。監臨二字轉注，監，臨也；臨，監也，也都是觀覽的意思。證知臨卦是長官視察部屬的卦。

長官對於部屬，第一要在部屬被長官感（咸，感也）動以後，再去視察，故初九爻辭說：

咸（感）臨，貞吉。

本爻的象辭說：

「咸（感）臨，貞吉」，志行正也。

第二，因爻辭有誤字，尙不可解。第三，不要抱着佞邪悅媚（王弼：「甘者佞邪悅媚不正之名」，程頤：「甘，悅」）的態度去視察，故六三爻爻辭說：

甘臨，无攸利。

本爻的象辭說：

「甘臨」，位不當也。

「位不當」卽不中正，故「无攸利」。第四要親自視察，不可假手於人，故六四爻爻辭說：

至（至，到也）臨，无咎。

本爻的象辭說：

「至臨，无咎」，位當也。

「位當」就是中正。第五要具備專門知識，不可以外行看內行（程頤：「自任其知」），故六五爻爻辭說：

知臨，大君之宜，吉。

本爻的象辭說：

「大君之宜」，行中之謂也。

第六要厚道（陸德明：「敦，厚也」），故上六爻爻辭說：

敦臨，吉，无咎。

本爻的象辭說：

「敦臨」之「吉」，志在內也。

本卦六爻，除第二爻尚無達詁以外，五爻都是申明對部屬的中正哲學。其效果誠如巽之第二卦（觀）的象辭所說：

中正以觀天下……下觀而化也。

用（以）中正哲學監臨天下；臣民看（觀）到「大君」中正，便被感化得無不中正了。故坤之第五卦（師）的象辭也說：

「能以眾正，可以王矣！剛中而應，行險而順，以此毒天下而民從之，吉；又何咎矣？

毒字的古轉注語是 mantol，義爲興起、升高。殷周文寫爲每(man)毒(tol)。說文：「每，草盛上出也。从屮，母聲」，古音 man，唐音武罪切。「毒，厚也。草往往而生」，从每，土聲，古音 tol，唐音徒沃切。——上引文所謂「毒天下」即用中正哲學使天下人民興起、升高而共趨於中正。

四、正事——上文所述係用中正的態度對人；效果是眾人皆能中正。下文接談用中正態度對事。本來一部周易都在發揮中正對天、中正對人、中正對事、中正對物的意義。本章甲段「各正性命」既對人也對事；乙段「中以正邦」既對人也對事；丙段「眾正可王」既對人也對事。本項僅述上文未曾引用的純粹對事的中正哲學。

震之第四卦（恒）的象辭在強調「天地之道，久而不已也。日月得天（指祖先的中正之道）而能久照；四時變化而能久成；聖人久於其道而天下化成」之後，於九二爻爻辭說：

悔亡。

意謂恒久實踐中正哲學則無悔。本爻的象辭說：

「九二：悔亡」，能久中也。

證明恒字的賓詞實為中字——就是恒中。「天地之道，久而不已」者，天地對事（覆載）恒中也。「日月得天而能久照」者，日月對事（陰陽）恒中也。「四時變化而能久成」者，四時對事（寒暑）恒中也。「聖人久於其道而天下化成」者，聖人對事（家國天下）恒中也。

以上是用中正對大事；下舉兩點小事，以見中正哲學的巨細不遺。第一以磨刀為例。震之第二卦（豫）的六二爻爻辭說：

介于石，不終日，貞吉。

介，鄭玄作砎，云：「磨砎也。古八切」。說文無砎字；廣韻收之而不從鄭義，云「硬也」，係晉唐以後受介爲耿介的影響而定的假借義。按砎即磑字。磑字的古轉注語是 amusigulu，義爲碾米的碾，即磨米的磨。周文寫爲□(a)礳即磨(mu)石(si)磑即砎(gu)礲(lu)。說文：「礳（磨），石磑也」，古音 mu，唐音摸臥切。「石，山石也」，古音 si，唐音常隻切，今音 shyr。「磑（砎），礲也」，古音 gu，唐音苦（古）亥切。「礲，礳也」，古音 lu，唐音盧紅切。礳石磑（砎）礲四字轉注，礳，石也；石，磑（砎）也；磑，礲也；礲，礳也，都是名詞的石磨，動詞的磨米。證知鄭玄說「砎，磨砎」爲確。——「介于石」即磨于石。在厲石上磨刀或在石磨上碾米，不必磨一天（「不終日」）。這爲什麼吉?本爻的象辭解答得對：

「不終日，貞吉」，以中正也。

第二以包瓜爲例。乾之第四卦（姤）的九五爻爻辭說：

以杞包瓜，含章，有隕自天。

本爻的象辭說：

「九五：含章」，以中正也。

杞柳是賤材，瓜果是珍品。珍品雖包以賤材，但係天（王）所頒賜，外賤內珍，故曰「含章」。臣子爲什麼蒙頒珍品？「以中正也」。

綜觀上述在對下、對友、對屬、對事四方面，象辭、彖辭的作者們無不倡導實踐中正哲學。現在試來想像一下，上層以中正對下；下層以中正應之，家國天下都充滿了祥和氣氛，怎麼不是「眾正可王」？巽之第八卦（中孚）九二爻爻辭：

鶴鳴在陰，其子和之。我有好爵，吾與爾靡之！

本文的象辭說：

「其子和之」，中心願也。

丁、「中行獨復」

正心、修身、齊家、治國、平天下而達成王道，都須實踐中正哲學，在上面四段裡業經敍述。作戰之事，在周易卦、爻、象、彖四辭作者們看，又何獨不然？

本書第一章第三節甲段「河圖中方色（黃）的被尊崇」考定「河圖」就是五帝的享堂。本章本節「中正哲學」的開端談到古代戰術上應用「河圖」五帝的顏色，並舉匈奴冒頓爲例。那是公元前二〇〇年（漢高祖七年）的事。其實早在那時以前的墨子時代，中原各國在防守戰上也應用「河圖」。墨子「迎敵祠」說：

敵以東方來，迎之東壇（堂）。壇高八尺，堂密（層）八。年八十者八人主祭。青旗。青神，長八尺者八。弩八，八發而止。將服必青。其牲以鷄。

這是祭祀「河圖」東方先帝包犧。

敵以南方來，迎之南壇。壇高七尺，堂密八。年七十者七人主祭。赤旗。赤神，長七尺者七。弩七，七發而止。將服必赤。其牲以狗。

這是祭祀「河圖」南方先帝神農。

敵以西方來，迎之西壇。壇高九尺，堂密九。年九十者九人主祭。白旗。素神，長九尺者九。弩九，九發而止。將服必白。其牲以羊。

這是祭祀「河圖」西方先帝少皞。

敵以北方來，迎之北壇。壇高六尺，堂密六。年六十者六人主祭。黑旗。黑神，長六尺者六。弩六，六發而止。將服必黑。其牲以彘。

這是祭祀「河圖」北方先帝顓頊。

「河圖」四方的先帝都被祭到，何以獨缺中央的軒轅黃帝？著者以爲周易多次提到「中行」，如泰卦「得尙于中行」、復卦的「中行獨復」、師卦的「在師，中，吉」、益卦的「有孚中行」和「中行，告公從」、夬卦的「中行，无咎」，是否中央的軒轅黃帝成爲「中行」的「精神統帥」——「長子」奉之「帥師」準備作戰呢？這雖然完全是推測；但依古人的宗教思維和坤卦「黃裳，元吉」爻辭看來，當是防守戰中應有的事。（倘能查出古代軍服爲黃色，便可證定拙說。）

由墨子保存的資料看，戰國時代的戰爭思想是注重守勢的（墨子主「非攻」）。但墨子之前的周易戰爭思想則是攻守兼施的。

一、防守——夬之第一卦（夬）卦辭：

孚（俘）號，有厲。告自邑，不利即戎。

本國在應戰上有缺（夬）點，如本卦的彖辭說：

「孚（俘）號，有厲」，其危乃光也。「告自邑，不利即戎」，所尚乃窮也。

乃（neliye 乃□夷，義爲羈絆）字，說文云：「曳辭之難也」，乃字是難本字；難爲假借字。這彖辭是說「俘虜吼叫，有厲石（絆脚），這危機難有光明。警報從國都來，不利於增甲（兵），所尚難窮。」在這種情況之下，所以初九爻爻辭說：

壯于前趾，往不勝爲。

「前趾（當面之敵）壯大，往（攻）不爲（是）勝。」怎辨呢？九二爻爻辭接着說：

惕！號！莫夜有戎。勿恤。

「警覺！喊話！暮（莫）夜披甲。無須憂慮。」不出戰，不退却，只是披甲防守。本爻的象辭說：

「有戎」，「勿恤」，得中道也。

明明道出防守是中道。「孫子先爲不可勝，以待敵之可勝」，可能便是周易守爲中道（戰與退都不是中道）的思想。

又，坎之第五卦（習坎）六爻都主防守。這卦上水下水，故象辭說：

天險，不可升也。地險，山川丘陵也。王公設險，以守其國。險之時用大矣哉！

時、中同意，已見上文。

二、攻擊——但爻辭也兩見攻勢。第一見於隨之第三卦（隨）的九五爻爻辭：

「在嘉獲得俘虜，好卦」。本爻的象辭說：

孚（俘）于嘉，吉。

「孚（俘）于嘉，吉」，位中正也。

第二見於離之第六卦（離）的上九爻爻辭：

王用出征。有嘉折首；獲匪其醜。

「王以占得這卦出去征伐。嘉國被斫下首級；獲得俘虜，不是嘉國的同旂（醜）。」

本爻的象辭說：

「王用出征」，以正邦也。

上文的嘉、有嘉和革卦六二爻的象辭中的有嘉，自是方國之名。可能就是殷朝中葉的鬼方。

這兩次攻勢都被象辭作者評爲中正或正，可以證明殷朝也是主攻的。

綜觀上文，在戰爭問題上，中正哲學也被用於守，被用于攻。它的戰略企圖是大有卦的象辭：

「大中而上下應之」。

戰果是比卦的象辭：

「不寧方來」，上下應也。

「不寧」的「方」國「來」朝，就是上國以中正哲學「應」對下國，下國也響「應」了中正哲學。

戊、「內難能正」

內難的難字，說文：「鷬，鳥也。从鳥，堇聲。或从佳」，即難字，那干切。證知難爲鳥名，假借爲艱難，古轉注語是 nugun（難艱，義爲挫折）。周易所云「儉德辟難」（否卦），尙書所云「其難，其愼」（咸有一德），都是艱難的難即挫折的意思。就國家說，內難就是內亂；就個人說，內難就是挫折。周易彖辭、象辭作者提示後人要用中正哲學來克服個人、家庭、邦國的內難。

一、國難——坤之第六卦（明夷），解決了殷朝內難中箕子所面臨的問題。據呂氏春秋所保存的史料說：

紂之同母三人：其長曰微子啓；其次曰中衍；其次曰受——受乃紂也——甚少矣。紂母之生微子啓與中衍也，尚爲妾；已而爲妻，而後生紂。紂之父紂之母欲置微子啓以爲太子。太史据法而爭之曰：「有妻之子，不可置妾之子。」紂故爲後。（仲冬紀當務篇）

於是「微子去之」（叛紂，後降周，封於宋）；「比干諫而死」；「箕子爲之奴」，後適朝鮮。明夷的卦辭說：

利艱貞。

意思是利於艱難地位的卦。本卦六五爻爻辭說：

箕子之明夷，利貞。

意思是「箕子明白應付艱難的道理，好卦。」但「應付艱難的道理」是什麼道理？本卦的彖辭說得非常明白：

內難而能正其志，箕子以之。

箕子用（以）「內難而能正其志」的道理，不擁紂，不附啓，出獄之後，飄然遠引：這就是箕子的中正哲學。

明夷一卦也解決了文王的問題。綜合董作賓先生「殷曆譜」和古籍所保存的史料看，由東北入主河南的殷，和由西北（新疆）入主關中的周，爲黃帝子孫雖然不成問題；但在殷高宗（武丁）時代，周方就與殷室不和了。到了殷季，勵精圖強的文王和好大喜功的紂王，王、伯的名份雖存；「奪權」的「鬥爭」很烈。周方呼殷室爲「夷」，竟以外國人視之。其時應有戰爭，結果文王被俘。這就是明夷的彖辭所說：

內文明而外柔順，以蒙大難。文王以之。

文王用（以）「內文明而外柔順」，即「文在中」的態度，並由散宜生等獻賄，終於脫險得返西岐。

二、位難——至於個人遭遇泚位上的艱難，周易有三個彖辭提示使用退隱的方法，趨吉避凶。首先見於乾之第二卦（否）的九五爻爻辭：

休否，大人吉。

意思是說「當大人物碰到更大的人物對大人物說『否』（bitehei 否否□ 義爲別這樣之別、勿），大人物執着悚懼（休）態度，吉」。故本爻的象辭說：

「大人」之「吉」，位正當也。

中正哲學可以使大人物不丟臉不吃虧。

其次，在上述的情況之下，大人物也就應該逸遯（ilte 逸遯，義爲閑居）了。乾之第七卦（遯）的九五爻爻辭：

嘉遯，貞吉。

本爻的象辭說：

「嘉遯，貞吉」，以正志也。

結果如乾之第八卦（履）的九二爻爻辭說：

幽人，貞吉。

本爻的象辭說：

「幽人，貞吉」，中不自亂也。

中正哲學可以使大人物保全性命。

三、訟難——乾之第五卦（訟）專講打官司。初六爻「不永所事」是說「訟不可長也」；九二爻「不克訟」是說官司打敗了，被判「損害賠償」（賠了三百人民）；九四爻「不克訟」；九五爻却是：

訟，元吉。

各爻都說不可打官司；本爻爲什麼說：「打官司罷，上好的卦」呢？因爲本爻的象辭說：

「訟，元吉」，以中正也

理由中正，官司當然可以打下去了，而且必勝。

以上所說國難、位難、訟難都是有關生命財產的大難。下面一談小難。

四、履難——乾之第八卦（履）的九五爻爻辭說：

夬履，貞厲。

本爻的象辭說：

「夬履，貞厲」，位正當也。

殷文文法的夬履就是古轉注語法的履夬，古轉注語是gutol ogegu，義爲缺乏靴子。gutol（靴子）的殷周文寫爲屐(gu)□(to)履(l)。說文：「屐，屩也」，古音 gu，唐音奇逆切，讀如舉。「履，足所依也」，古音 l，唐音良止切。屐□履的重文是鞅(gu)鞮(to)鞻(l)。說文：「鞅，鞮鞅也」，古音 gu，唐音古洽切。「鞮，革履也」，古音 to，唐音都兮切。鞻，周禮春官宗伯鞮鞻氏鄭玄註「鞻讀如屨。鞮屨，四夷舞者所屝（服）也」，古音 l，鄭音屨；唐音洛侯切。屐履二字轉注，屐，履也；履，屐也。鞅鞮鞻三字轉注，鞅，鞮也；鞮，鞻也；鞻，鞅也。屐□履、鞅鞮鞻都是靴子。日文寫「下馱」，音ゲタ，就是 guto 的音便。應寫鞅鞮。

ogegu（缺乏）的殷周文寫爲夬(o)缺(ge)鞅(gu)。說文：「夬，分決（隉缺）也。从又𠂇，𠂇聲，古音o，唐音古賣切，誤。「缺，器破（缺）也」，从夬，缶聲，古音ge，唐音傾雪切。「鞅，缺也」，从夬，郭省聲，古音 gu，唐音去月切。夬缺鞅三字轉注，夬，缺也；缺，鞅也；鞅，夬也，都是缺乏的意思。

由於古轉注語和殷周轉注字的結合，證知夬履就是缺乏靴子，這是小難一樁。遇到缺乏靴子的卦（貞），在厲 chilagu（厝厲厎，小石）上走吧，這也是中正哲學。

總而言之，象辭、象辭的作者們的意思是，無論我們遭逢國難、位難、訟難乃至區區的履難，都要信守中正哲學。

綜合本節「各正性命」、「中以正邦」、「眾正可王」、「中行獨復」、「內難能正」五段要點看來，在卦辭、爻辭以前中國人本來就有宗教性的中正思維；迨象辭、象辭寫成，這兩位無名的作家纔把宗教性的中正思維發展成爲中正哲學。時間應在周初。我們不妨說嚴格的中國中正哲學史應該從殷周之際寫起。這時代已經够古够遠了。

周初，中正哲學已由彖、象兩辭作者予以完成。但這種中正哲學裡實在充滿了功利主義。換句話說：彖、象兩辭裡的中正哲學仍是「有爲」（爲讀入聲）的——趨吉避凶。直到東周，孔子設教，編詩書，講禮樂，學周易，著春秋，纔把中正哲學裡的功利主義全部澄淸。他首先講中正哲學的歷史：

堯曰：「咨！爾舜！天之厤數在爾躬。允執其中。」……舜亦以命禹。

這是說中正哲學起源於堯，堯傳於舜，舜傳於禹。並把中正哲學解釋爲純粹德行：

中庸之爲德也，其至矣乎？民鮮久矣（論語雍也）。

中庸就是中仲(jegei)。中(je)仲(gei)是殷周所寫的本字；中(je)庸(gei)的庸是假借字——假借庸字以寫仲字。庸字的古轉注語是 yaga，義爲用不用的用。殷周文寫用(ya)庸(ga)兩字。說文：「用，可施行也。从卜，从中」，余訟切。「庸，用也。从用」，庚聲，應音古壞切或古行切；孫愐不通形聲字得聲的古法，以爲傭字从人，庸聲，余封切，遂亦音庸爲余封切，大誤。用庸二字轉注，用，庸也；庸，用也，都是用的意思。鄭玄不知中庸的庸乃仲字的假借，釋爲用，大誤；程子（頤）釋爲「庸者，天下之定理」，已非仲字的古義；朱子

（熹）釋爲「庸，平常也」，已是南宋的新定義了。鄭、程、朱都已不懂中庸就是中仲了。

由於孔子把中正哲學嚴格解釋爲「至德」，故以能否實踐中正哲學爲君子和小人的分野。他說：

君子中庸；小人反中庸。——君子之中庸也，君子而時中；小人之（反）中庸也，小人而無忌憚也（中庸引孔子）。

有人把中正哲學名爲「時中哲學」，便出典於上面引文裡的「時中」兩字。「君子中庸」表現在德行上是：

言中倫；行中慮；身中淸；廢中權（論語微子）。

表現在氣節、魄力（強）上是：

君子和而不流；中立而不倚；國有道，不變塞焉；國無道，至死不變（中庸引孔子）！

表現在政治上是：

執其兩端而用其中於民（中庸引孔子）。

以及：

不患寡而患不均（季氏）。

均字也是中的意思。乃至表現在領土上：

不與同中國（大學）。

（孔子）聲名揚溢乎中國（中庸）。

中國二字的古轉注語是 jegei heresge，義爲中央的範圍。中卽中仲。國字的殷周文寫爲或(he)□(re)□(s)國(ge)。說文：「或，邦也。从戈，以守」，从口，宗廟也。古音 he，大徐胡國切。「國，邦也。从或」，口聲，古音 ge，唐音古惑切。或國二字轉注，或，國也；國；或也，都是在領土四周設定國界以成範圍的意思。或字由人民（荷戈之人）主權（宗廟）兩字組成；國字由人民、主權和領土（口）三字組成。或字造於殷，國字造於周，較西洋「國家三要素說」早三千餘年。到孔子時代，中國二字已成通行的名例了。

孔子的中正哲學完全是「無爲」（爲讀入聲）的，就是無條件地實踐中正哲學。做人做事只問中正與否，不問結果如何。「言中倫，行中慮」做了柳下惠、少連，也可；「身中清，廢中權」做了虞仲、夷逸，也可；「中立而不倚」被上下左右夾攻，也可；「國無道，至死不變」做岳飛、文天祥、史可法，也可：只是「無爲」地實踐中正哲學，毫無趨吉避凶的功利主義。

孔子的中正哲學纔是三民主義的哲學基礎。

戴季陶先生在「孫文主義之哲學的基礎」一書裡，引用　總理和馬林的對話：

從前有一個俄國的革命家，去廣東問　先生：「你的革命思想，基礎是什麼？」先生答復他說：「中國有一個正統的道德思想，自堯、舜、禹、湯、文、武、周公至孔子而絕。我的思想，就是繼承這一個正統思想，來發揚光大的。」

戴先生根據　總理這段自述，考定三民主義的哲學基礎是誠。他這個理論也出自中庸一書所說：

誠者，天之道也；誠之者，人之道也。誠者不勉而中，不思而得，從容中道，聖人也。誠之者，擇善而固執之也。

但中庸一書寫於華嶽成爲名山之後，自是孔子數傳弟子的作品，在時間上較象、象兩辭晚出至少七百年；中庸在中字之上添加誠字，以爲「誠者不勉而中」，並說「至誠之道，可以前知」，「誠者不思而得」，都涉入宗教思維（所謂「誠則靈」），把由宗教思維脫穎而出的孔子又拉回宗教思維裡去；而誠字的古轉注語是 hichiyenggul，義爲恭謹、誠實，周文寫爲諴(hi)誠(chi)訪(yeng)恭(gul)，在周易卦、爻兩辭寫作時代並沒有「天之道」的神聖意味：所以我以爲中庸的誠字似乎不值得作爲三民主義的哲學基礎。　總理所說「繼承堯舜禹湯文武周公孔子」的「正統思想」應該就是「允執其中」卽中正哲學。

總理三民主義的哲學基礎是中正哲學，所以他把自己親手創立的國家名爲中華民國。這四個美麗的字，用古轉注語文寫出來是：

jegei uthan humun heresge

中仲　韡華　㞶民　或囗口國

義爲中正文化的民眾的國家。說文：「中，內也」，「仲，中也」；「韡，盛也」，于鬼切，讀如違，「華，草木華（美）也」，況于切；「㞶，民也」，讀若盲，呼光切音𦱊，今音忙，誤，「民，衆萌（㞶）也」，彌鄰切。

第三章　周易的政治思想

一　上古政治的基本原則

我國的上古史由家族（ger hurcha 家縫鏃——族）本位的田（tala 田里）獵（ala □獵）開始，長子奉父（buha 爸父，義爲牡）命（amala 命令）帥師，指揮着全家（ger 家）的人（irgen 人儿）合圍獵獸。帥師的師字即 haga，殷周文寫爲師帀（已見第二章二節），本是動詞合圍的意思，因此指揮合圍的長子被稱爲 hagan，殷周文寫爲兄(ha)哥（gan）。後來分化爲蒙語的 aha（阿兄）和滿語的 ege（阿哥）。夏朝的長子繼承制由「長子帥師」進化而出；殷朝的兄終弟及、長子繼承互用制也由「長子帥師」進化而來。天命思想則由父命（buhan amala 爸父命令）而來。說卦「乾爲父」，張子（橫渠）「乾稱父」，都是由父命即天命的思想引伸而出。

家族田獵期間，獲得馴良的禽獸，便開始牧畜，羊（esik 羊祥）、牛（guna 牸牛）、馬（mori 馬騄）、犬（gichi 狗犬）、貓（mil 貓貍）遂成爲人類的犧牲。也開始農耕（nanggiya 農——耦耕耘），稻（tudurga 稌稻穛稉）、黍（amusu □穈黍）、麥（jarma 麥來麰）、瓜

(hulugu 瓠𤓰瓜) 遂成爲人類的食糧。社會組織也由家族擴大成爲宗族 (jungchin hurcha 宗祟鏈鏃——族)；由宗族繁衍成爲民族 (humun hurcha 氓民鏈鏃 —— 族)。這時民族的長子也由兄哥 (hagan) 被尊稱爲后君 (hagan)。說文：「后，繼體君也。施令以告四方。發號者君后也。」从口，𠂆聲，古音 ha，唐音胡口切。「君，尊也。」从口，尹聲，古音 ga，唐音舉云切。后君二字轉注，后，君也；君，后也，都是繼體發號施令的長子。

民族更加增殖，向外移徙，開闢新牧區和新墾區，樹植界標 (heresge 或□□國)，建立國都 (gudugur 郡都郭——昆侖)，遂成百姓 (obok 邑邦□)。——這一過程就是封建的建。接着是后君對於每個邑邦，依其血胤親疏，昆弟甥舅，分封賜姓。——這一過程就是封建的封。封字的古轉注語是 bokton，意爲賜姓。殷周文寫爲封 (bok) 圭 (ton)。說文：「封，爵諸侯 (egel hagan 伾眾——諸后——侯——君) 之土也。」古音 bok，唐音府容切，今讀若風，以不知府古音 baraga 的 ba 之故。「圭，籒文」封，从殷文封，土聲，古音 ton，漢唐音闕，現定爲徒登切 (滕入聲)。封圭二字轉注，封，圭也；圭，封也，都是「因生賜姓」即爵諸 (眾) 侯 (后) 的意思。封建實爲民族增殖、地力開發的代名詞，也是古代的民生方法；並不是侵略剝削的制度。殷周正是封建時代。

以下敍述封建時代的政治原則。

周易的卦辭、爻辭、彖辭、象辭正是封建時代的作品。現擧坤之第五卦（師）爲例：

貞。丈人吉，无咎。

本卦的彖辭說：

師，衆也；貞，正也：能以衆正，可以王矣。剛中而應，行險而順，以此毒（與起）天下而民從之，吉，又何咎矣？

本卦的象辭說：

地中有水，師。君子以容民畜衆。

綜合卦、彖、象三辭的大意是，丈人（長子卽王卽君子）占得師卦，便應「容民畜衆」；方法是「能以衆正」；效果是「可以王矣」。怎樣纔「能」使「衆」人都「正」？本卦初六爻爻辭說：

師出以律。否臧，凶。

本爻的象辭說：

「師出以律」；失律，凶也。

紀律、法律的律（uhui 瀫灜律）在本卦出現，時爲殷朝；但這一律字實從家族田獵時代到封建農耕時代一貫地存在着。田獵時代帥師的長子卽封建時代的后君都須以正行律；衆民也須從律：上下守律，自然上下皆正，就「可以王矣」！故本卦九二爻爻辭說：

在師，中吉，无咎。王三錫命。

本爻的象辭說：

「在師，中吉」，承天寵也。「王三錫命」，懷萬邦也。

到上六爻爻辭便說得更具體了：

大君有命，開國承家。

本爻的象辭說：

「大君有命」，以正功也。

后君能中能正，發生「大中而上下應之」（大有卦象辭）的效果，就可以「開國承家」和「懷萬邦」了。

由上述引文看出，中國上古「管理眾人之事」（政治）的基本原則是中正行律四個大字。今天看來，殷周以上的政治思想基礎是中正哲學，也是中國自田獵時代便重視法治的堅證。

我國古代沒有民族問題。因爲在夏朝以前，所有居住在中國以內的人民，都是天三、包犧、神農、軒轅黃帝、少皞、顓頊的子孫，血統相同，生活相同，語言(古轉注語)相同，宗教(mehe巫覡）相同，風俗習慣相同，當然沒有民族問題。自從包犧創造☰☷等八個字，到殷文甲骨一千零四十個字大規模地出現，將複音的古轉注語造成單音的轉注字（這種古轉注語在邊疆保存，轉注字在說文解字裡保存）以後，識字的中國人漸漸忘掉古轉注語，改用單音的語言；不認識轉注字的中國人仍然說着古轉注語：於是中國人纔開始形成多數的宗族。

在周易所保存的古史裡，我們看到「鬼方」、「易」、「有嘉」三個用假借字所記出的類似民族的名稱；但殷人仍稱他們爲「方」（即邦字），和「周方」並列，稱他們爲「有」，和「有夏」、「有殷」、「有周」齊觀，證知殷人是以宗族的首領待他們。周武王伐紂，庸、蜀、羌（西藏）、髳（苗?）、微、盧、彭、濮、都曾參戰，武王只稱他們爲「人」；成王大會，祭祀「方明」（天與「河圖」五帝的神主），匈奴（sina 虛踠）、貌胡並列北方，鮮卑（滿洲）、荆楚守護燎火；孔子作春秋，「諸侯用夷禮則夷之，進於中國則中國之」，只論風俗習慣分化的幅度；左傳「非我族類，其心必異」，也只論矢鋒旗鋒的異同；戰國呼匈奴爲「胡」，實只稱之爲匪（hulagai 匪虜賊）：凡此均可證知殷周時代絕無「異族」的存在。

因此，周易裡沒有近代的民族問題，只有宗族問題。

宗族一詞係孔子所說，見於論語子路篇「宗族稱孝焉」。周朝，天子爲大宗，百世不遷，郊天三，祀「河圖」，事宗廟；諸侯爲小宗，五世而斬（宗廟只祀始封者以上五代先帝），不郊天三，不祀「河圖」。天子是諸宗族——民族的共主；諸侯是本宗族的共主。所以天子處理宗族問題，基於中正哲學，「克明俊德，以親九族；九族既睦，平章百姓；百姓昭明；協和萬邦」（堯典）而已。茲以周易證之。坤之第五卦（師）的九二爻爻辭說：

在師，中吉，无咎。王三錫命。

本爻的象辭說：

「王三錫命」，懷萬邦也。

又，坎之第二卦（比）的象辭說：

地上有水，比。先王以建萬國，親諸侯。

「建萬國」是說天子封萬國的宗族首長爲諸侯；「懷萬邦」、「親諸侯」是說天子以民族首長的身份愛護各宗族的首長。

但民族擴大，宗族衆多，「喪羊于易」可釀糾紛，「令吾水茲」可開戰幕：故坎之第五卦（習坎）的象辭說：

王公設險，以守其國。

只以消極地保護本宗族生存地區不受彼宗族的侵犯爲止。

假設某一宗族不服王命，便如離之第六卦（離）的上九爻爻辭所說：

王用出征。有嘉折首；獲匪其醜。

本爻的象辭說：

「王用出征」，以正邦也。

仍本中正哲學以征不正：這純粹是倫理精神。

綜觀周易六十四卦、三八四爻，談到三百多個問題及其解決方法，絕無一卦專談民族問題，這說明了殷季周初並無民族問題。

總理的民族主義，在辛亥以前主張「驅除韃虜」；但在中華民國成立的當天便自己修正爲「合漢滿蒙回藏爲一人，即合漢滿蒙回藏爲一國」。十三年口授三民主義，主張「中華民族自求解放，國內各民族一律平等」。 總裁繼承遺志，三十二年手著「中國之命運」，採用孔子宗族一詞，主張「我們只有一個中華民族，而其中各單位最確當的名稱，實在應稱爲宗族」（「中華民族共同的責任」訓詞）。由 總理和 總裁的訓示，證明民族主義的基本精神是繼承周易裡的倫理精神。

執筆至此，筆者願在這裡鄭重地補述殷朝到清朝的歷史眞象。殷周時代以前，亞洲大陸只有一個中華民族(jegei uthan humun hurcha 中仲韡華氓民鏠鏃——族），全說古轉注語。殷朝將古轉注語造成轉注文，中華民族纔開始分化：使用轉注字的中華民族演變爲今天的漢藏宗族；保存古轉注語的中華民族演變爲今天的阿爾泰宗族(altan jungchin hurcha □繆㶇宗崇鏠鏃——族）。漢藏宗族和阿爾泰宗族——蒙古、滿洲和新疆中亞的黃種回族——的的確確是同一中華民族。因此元、淸兩朝的統治中國，等於說廣東話、閩南話的人統治中國，只是語音有古今之分，並非民族有異同之別。三十餘年以來，筆者將阿爾泰宗族所保存着的古轉注語寫出成萬的殷周轉注字，在著兩部書，科學地證明上述的歷史。因此衷心地信仰總理「合漢滿蒙回藏爲一國」和 總裁漢滿蒙回藏「各單位實在應稱爲宗族」的教示。

三 民主精神與民權主義

從包犧造字到殷文通行（石器時代到銅器時代）所根據的語言都是古轉注語。古轉注語裡已有人、民、眾三詞。人是irgen(yirgen)，義爲人。殷文和古文寫爲人(ir·yir)儿(gen)二字。說文：「人，天地之性最貴者也。」古音 ir·yir，唐音如鄰切卽音 yirin，魯音讀若銀之輕音(yn)，最近古音。「儿，仁人也。古文奇字人也。」古音 gen，光、羌等字以爲聲母，故知唐音如鄰切，誤。北平音 gen，即「亘 gen」的 gen，尙存古音。人儿二字轉注，人，儿也；儿，人也，都是人民的意思。民是 humun，義爲人。周文寫爲氓（hu）民（mun）二字。說文：「氓，民也。从民，亡（muhu 無亡之亡）聲，讀若盲」，古音 hu，和盲字萌字同爲呼光切。今音忙，誤。「民，眾萌（氓）也。」古音 mun，唐音彌鄰切。氓民二字轉注，氓，民也；民，氓也，都是人民的意思。眾是 egel，義爲百姓的百，即多數。殷周文寫爲㐺（e）眾(gel) 二字。說文：「㐺，眾立也。从三人。」古音 e，唐音魚音切（魚字用閩南音讀若伊）。「眾，多也」，从㐺，目聲。古音 gel，唐音之仲切（之古音 gi）。㐺眾二字轉注，㐺，眾也；眾，㐺也，都是多數的意思。人字初見於堯典「咨！汝二十有二人」，指禹、垂等六人和十二牧四岳共二十二人，都是達官貴冑，證知人儿（irgen）有貴人之意。民字初見於堯典「黎民於變時雍」，在九族、百姓（邑）、萬邦以下，證知氓民(humun) 有平民之意。眾字初見於湯誓「格爾眾庶」，指全體軍民而言。 總理在遺囑裡用民眾一詞，也是指全體人民。

堯舜時代，平民已有地位。皐陶謨「天聰明，自我民聰明；天明畏，自我民明畏」，泰誓「天視自我民視；天聽自我民聽」(孟子引異文)，都是行政者重視民意的意思。夏桀王時，「有眾率怠弗協，曰：『時日曷喪？予及汝皆亡！』」(湯誓）我國歷史上第一次的民主革命——

湯伐桀——於焉揭幕。盤庚時代，「涉河以民遷」；「民之弗率」。盤庚只好在王庭講「話」，「有眾咸造」，也是民主力量的表現。

周易裡也保存殷季的民主精神。離之第二卦（晉）六三爻爻辭說：

眾允，悔亡。

這是說「民眾相信卽允許了，無悔。」本爻的象辭說：

「眾允」，志上行也。

這是說「眾允，是民眾的意志向上表達了。」

「眾允」就是可決；可決的反面則爲否決。坤之第二卦（否）九五爻爻辭說：

休否，大人吉。

否字的古轉注語是 bitehei，義爲「別這樣」之「別」、勿。周文寫爲否（bi）杏（te）口（hei）三字。說文：「否，不也。」古音 bi，唐音方（bu）九切，北平音 foou，誤，因古無輕脣音而知之。「杏，相與語，唾而不受也」，从否，▲聲，古音 te，唐音天口切。否杏二字轉注，否，杏也；杏，否也，都是不受的意思。——上引「休否，大人吉」是說「悚惧民眾的否決，大人吉」。故本爻的象辭說：

「大人」之「吉」，位正當也。

「大人」依中正哲學來行政，尊重民主，當然會是「吉」。否則便如本卦（否）的象辭所說：

上下不交而天下無邦。

也如本卦上九爻爻辭所說：

傾，否。

本爻的象辭說：

「否」終則「傾」，何可長也？

「否終則傾」就是說爆發了革命。民眾否決和眾允，在周易六十四卦裡竟佔一卦三爻，證知卦、爻、象辭的作者們是怎樣地重視民主精神了。

革命也佔了一卦的地位。兌之第六卦（革）的九四爻爻辭：

改命，吉。

本爻的象辭說：

「改命」之「吉」，信志也。

革命原作改命，改爲本字，革爲假借字（參見一章三節）。改命一詞的古轉注語是 amala

gubi，義爲取彼差使給予此人。殷周文寫爲□（a）命（ma）令（la）改（gu）變（bi）。說文：「命，使也，从令，」口聲，古音 ma，唐音眉病切。「令，發號也。从亼卪。」古音 la，唐音力正切。命令二字轉注，命，令也；令，命也，都是差使派遣的意思。「改，更也，从攴」，己聲，古音 gu，唐音古亥切。「變，更也。从攴，䜌聲。」古音 bi，唐音秘戀切。改變二字轉注，改，變也；變，改也，都是更改的意思。本（革）卦以「改命」即革命爲吉；象辭並以「改命」爲「信志」（誠信的意志），也可以證知殷周時代是怎樣贊成民主的革命了。因此本卦的彖辭說：

天地革（改）而四時成，湯、武革（改）命順乎天而應乎人。革（改）之時義大矣哉！

總理首倡國民革（改）命，毫無疑問地是繼承湯、武的民主革命精神，這由興中會宣言（光緒二十年——一八九四年）並不以清廷爲「異族」，及興中總會誓辭（光緒二十一年——一八九五年）「創立合眾政府」，可以證明。「合眾」二字，可能是 總理所譯，這「眾」字正是「眾允」的「眾」字。民權主義和周易有道統承受，實屬顯然。

周易的倫理精神，是民族主義的根源；民主精神是民權主義的張本；養民精神則是民生主義的淵泉。坤之第三卦（復）的六二爻爻辭說：

休復，吉。

本爻爻的象辭說：

「休復」之「吉」，以下仁也。

周易裡，愛字一見，仁字亦一見。但這仁字在我國思想史裡却佔着極爲重要的地位。史記帝嚳本紀記帝嚳「仁而威」，堯本紀載堯「其仁如天」。孔子祖述堯舜，發展成爲仁愛哲學。直到今天，中國人做人處事所首先考慮的問題就是仁或不仁（他國的人首先考慮的是利或害）。仁字的古轉注語是 inak，義爲友愛、親愛、親近。殷周文先寫爲遷（i）邇（nak）。說文：「遷，近也。」古音 i，唐音人質切。「邇，近也。」古音 nak，唐音兒（倪）氏切。遷邇二字轉注，遷，邇也；邇，遷也，都是親近的意思。周文寫爲仁（i）佞（nak）。說文：「仁，親也。从二」，人聲，古音 i，唐音如鄰切（人爲 i 聲，如爲 yu 聲，二聲古偶通）。「佞，巧讇高材也」（言語諄諄），从仁，女聲，古音 nak，唐音乃定切。仁佞二字轉注，仁，佞也；佞，仁也，都是親愛的意思。孔子主張「天何言哉」，故把表示親愛言語諄諄的佞字看作壞字。——象辭「休復」之「吉」，以下仁也，是說天子命令「至日」曜「閉關，商旅不行，后不省方」，全民休假，以下達仁愛。

上述殷朝星期日休假，只是隔六天「與民休息」的仁；其實天子則宵旰憂勤，每天每季都在下仁——行仁政（參看管子幼官圖、禮記月令、呂氏春秋十二紀、淮南子時則訓）。乾之第八卦（履）的象辭「定民志」，坤之第五卦（師）的象辭「毒（興起）天下之民」，又象辭「容民畜眾」，坤之第八卦（臨）的象辭「容保民無疆」，巽之第二卦（觀）的象辭「先王……省方、觀民、設教」，坎之第三卦（屯）的初九爻的象辭「以貴下賤，大得民也」，坎之第四卦（井）的象辭「君子勞民勸相」，艮之第四卦（蠱）的象辭「君子……振民育德」，都是仁政的下達。

民生問題尤爲天子下達仁政的重點所在。巽之第二卦（觀）的九五爻爻辭說：

觀我生，君子无咎。

本爻的象辭說：

「觀我生」，觀民也。

是說天子觀察自我的生活，再依自己的生活水平去觀察民生問題。歷朝聖明的天子，每逢旱澇蝗災，無不減膳，便是這一古俗的實踐。

天子觀察民生問題（及其他問題）的標準是中正哲學。本卦（觀）的象辭說：

中正以觀天下。

天子不左袒富貴（今謂爲資產階級），也不左袒貧賤（今謂爲無產階級）；而是用中正超然的態度來觀察貧富不均的問題，並予以具體實惠的解決。艮之第三卦（頤）的象辭說：

「觀頤」，觀其（民）所養也；「自求口實」，觀其（天子）自養也。——天地養萬物；聖人養賢以及萬民。頤之時（義）大矣哉！

聖明的天子要「養賢以及萬民」。怎樣「養賢以及萬民」？坤之第一卦（泰）的象辭予以解答說：

后以財成天地之道，輔相天地之宜，以左（佐）右（佑）民。

是說「對於全國人民之食衣住行四大需要，政府當」用財（國家資本）「與人民協力，共謀農業之發展，以足民食；共謀織造之發展，以裕民衣；建築大計劃之各式屋舍，以樂民居：修治道路運河，以利民行」（「建國大綱」），像「天地養萬物」那樣地「養賢以及萬民」。艮之第二卦（剝）的象辭「上以厚下安宅」正是「建築大計劃之各式屋舍，以樂民居」，先聖後聖，其揆一也。

關於不左袒富貴，坤之第七卦（謙）的象辭說：

君子……裒多益寡，稱物平施。

又，巽之第三卦（益）的象辭說：

損上「益」下，民說（悅）無疆。

「衰（取）多益寡」，「損上益下」，「稱」「平」貧富的距離，不就是「節制資本」、「平均地權」的道統麼？

總理說過「太極動而生電子」等語，證知周易自是他熟讀精通的書，由遺敎裡看出他所閱的書有論語、孟子、大學、中庸、孟子、荀子、管子等等，這些都是「中國正統思想」，爲總理所「繼承」；並接受西洋古今思想，故全部遺敎中正宏通，絕非古代堯、舜、禹、湯、文、武、周公、孔子和周易卦、爻、彖、象四辭的諸作者所能望其項背。筆者未能寫出太部頭書，將全部遺敎和「中國正統思想」作哲學史的對比；僅能略述三民主義與周易哲學，證實三千餘年道統相傳的緜延不墜云耳。

附錄　古轉注語(先殷語)文(殷周文)對照表

下列是見於本書的百餘個古轉注語和轉注字，均載拙著「說文解聲」和「夏殷語文典」。這兩部書自四十六年寫到現在，仍需三五年始能定稿刊行。友好讀本書後，建議調製對照表，並作總括說明，以便了解。左方係古轉注語，保存於滿蒙回藏語中；本表所用係保存在蒙語中者，共一萬八千個字和詞。本書所用僅 1,800 分之 1。包犧根據古轉注語造字，每一複音轉注語似只造一字，而一字讀其全部複音，例 tegri（天、神）只造三字，而讀te、gr、；三音；tihiya（感應之應）只造丨字，「引而上行讀若囟（hi），引而下行讀若退（ti）」（說文），引以爲聲，讀若引（yu），一個丨字讀 ti、hi、ya 三音。殷朝大規模地造字時，仍然是一字讀兩個到八個音。殷周秦把古轉注語全部寫成轉注字。這種轉注字，即右方諸字，大部分完整保存在「說文解字」同一部首裏（偶有隔部者）。每個古轉注語所造的轉注文字，必用一筆劃最少者爲「軸」；「軸」和它上下（古爲左右）的字一定是「建類一首，同意相受」，「左右相注」（賈公彥所引唐以前「說文解字」）；是謂轉注。做「軸」的字，有指事，有象形，有會意，有形聲；「軸」上下（左右）的字必全爲形聲。這「軸」或在上（左），或在中，或在下（右）。無論「軸」字或上下字的筆劃簡單者，都可被假借其字音（聲）

字形，以爲其他古轉注語所造轉注字的「軸」：是謂假借。例 jarma（麥麩子）這古轉注語，造成麥(ja)來(r)麰(ma)，三字轉注，「說文解字」：「來，周所受瑞『麥來麰』也」。此三個轉注字以「來」爲「軸」；而被假借「爲行來之來」（ere 勑來）。以上謂之「六書」。許愼知之，而不甚通；陸法言、孫愐以次無一通者！不通殷周轉注字，尤其假借字，無法讀古書，通古史。欲通轉注字，更非精通古轉注語不可。三十多年來，我勸人學滿蒙回藏語，即因此故。

A

aha 兄	□(a)兄(ha)
amala 差遣	□(a)命(ma)令(la)
ami(amin) 命、息	□(a)命(mi min)
amusigulu 碾米	□(a)礳(mu)石(si)磑(gu)碌(lu)
〃 碾米	□(a)磨(mu)石(si)砎(gu)礱(lu)
amusu 米	□(a)穈(mu)黍(su)
altan 金	□(a)鏐(l)鑑(ta)□(n)

E

ege 哥哥（滿語）	□(e)哥(ge)
ėgel 百姓之百	伬(e)眾(ge)旅(l?)
esik 羊	羊(e)祥(sik)
elberil 孝	養(el)敎(be)□(ri)口(l)

I

inak 仁愛、親近	還、仁(i)邇、佞(nak)
ilte 閑居	逸(il)遯(te)
irgen(yirgen) 人	人(ir)儿(ge)□(n)
irtenchu（yirtinchu）世界	宇(ir)□(ten)宙(chu)

O(ȯ)

ohi abu 烹肉祭天	⊖(o)喜(hi)　□(a)烹(bu)
〃　〃　烹肉祭天	□(o)亨(hi)　□(a)烹(bu)
obȯk 姓	邑(o)邦(bok)
oton 星	斡(o)𣆶(ton)
oktargai 虛空之天	圜(ok)圍(ta)圝(r)口(gai)

〃　虛空之天	□(ok)天(ta)□(r)□(gai)
ogegu 缺乏	夬(o)缺(ge)鞅(gu)

U(ü)

usu 水	雨(u)水(su)
utha 文化、舞文弄墨之文	韡(ut)華(ha)
uher 象（近代誤爲牛 uniye)	豫(u)象(her)
〃 象（近代誤爲牛 〃 ）	爲(u)□(her)
〃 象（近代誤爲牛 〃 ）	□(u)像(her)
uhul 執法之法	灪(u)瀀、法(hu)律(l)
ujegulel 觀覽	覢(u)見(je)觀(gu)覽(lel)
〃　觀覽	□(u)□(je)監(gu)臨(lel)
uklelge huklelge 見獸齊叫圍上	圍(u)回(hu)困(k)囵(lel)固(ge)
〃　〃　見獸齊叫圍上	□(u)□(hu)□(k)□(lel)軍(ge)

N

nanggiya 漢人	農、耨(nang)耕(gi)耘(ya)

neliye 羈絆	乃(ne)□(li)夷(ye？)
nige 一	□(ni)甲(ge)
nima garak 日曜日	聶(ni)昧(ma)期(ga)朖(rak)
nugun 挫折	鶉、難(nu)艱(gu)□(n)

H

haga 關閉、合圍	師(ha)帀(ga)
hagan 皇帝、汗	后(ha)君(ga)□(n)
〃 皇帝、汗	兄(ha)哥(ga)□(n)
hele 說、告訴	話(he)誏(le)
heresge 欄干、範圍	或(he)□(re)□(s)國(ge)
hichiyenggul 恭敬、誠實	諶(hi)誠(chi)訮(yeng)恭(gul)
hiri 時	時(hi)曆(ri)
hoyar 二	互？(ho)乙(yar)
hulagai 賊	匪(hu)虜？(la)賊、寇(gai)
hulugu 菰	瓠(hu)蘆(lu)瓜、果(gu)

hurbu garak 木曜日	駽(hur)驃(bu)期(ga)朖(rak)
hurcha 銳利物	鑇(hur)族、鏃(cha)
hulil 卦	爻(hu)效(lil)
humun 人民	㞧(hu)民(mun)
huyuge 膝子	𦣞、頤(hu)𦣝、頣(yu)□(ge)
huyugele 送食入膝	孚(hu)乳(yu)子(ge)□(le)

G

gaba 裂紋	乖(ga)北(ba)
gar 地方、地	坤、畺(ga)畕(r)
ger 家	家、宮(ge)呂(r)
gichi 呼犬聲	狗(gi)犬(chi)
gorohu 有水小河溝	溝(go)流(ro)洫(hu)
gol 火、火炬	熧(go)寮(l)
guna 三歲牛	牿(gu)牛(na)
gubi 取彼予此	改(gu)變(bi)

gutol 靴	屐、鞦(gu)□、韁(to)履、韈(l)
gurba 三	□(gur)丙(ba)
guyu 前進	乾(gu)乙(yu)

B

basang garak 金曜日	白 (ba)□(sang)期(ga)朖(rak)
belge 卦	卜(bel)卦(ge)
belgede 算卦	卜(bel)卦(ge)貞(de)
bitehei 勿、別這樣之別	否(bi)杏(te)□(hei)
bimba garak 土曜日	□(bi)□(m)□(ba)期(ga)朖(rak)
bokton 賜姓的姓	封(bok)卦(to)□(n)
buha 牡、公	爸(bu)父(ha)
budaga 飯	簠(bu)簞(da)簋(ga)
bulgeri 香牛皮	鞄、韛(bu)勒、轑(l)革(ge)鞜(ri)
brahasbadi 木星	□(b)岸(ra)歲(ha)蔘(s)步(ba)□(di)

S

salhin 風	颯(sa)飂(l)風(hin)
seme 廟	祉(se)㐴、廇(me)
sethilge 心、性、情	心(se)性(hil)情(ge)
sina 山	虘(si)㲻(na)
silga 考試	試(sil)課(ga)

T

tahil 祀	禘(ta)祀(hi)禮(l)
tahimdagu 孝	監(ta)血、孝(hi)䁥(m)盔(da)鵒(gu)
tasulo 決斷	彖(ta)□(su)□(lo)
tariya 田、苗	田(ta)里(ri)野(ya)
tanghim 堂	堂(tang)室(him)
tabu 五	□(tab)戊(u)
tegri 天、神	天(te)三(gr)一(i)
〃 天、神	太(te)極(gr)□(i)
〃 天、神	道(te)□(gr)□(i)

〃 天、神	天(te)極(gr)□(i)
〃 天、神	太(te)□(gr)一(i)
tihiya 效驗、感應之應	∣(te)∣(hi)∣(ya)
〃 效驗、感應之應	□(te)乩(hi)兆(ya)
torogu 一年生猪	彖、豚(to)□(ro)彘(gu)
torok 圍爐裏	土(to)垄(ro)岦(k)
tudurga 稻	稌(tu)稻(du)穲(r)稉(ga)
turo 道路	道、途(tu)路(ro)

D

daua garak 月曜日	□(da)月(ua)期(ga)腶(rak)
degetus 先祖、成神	帝(de)□(ge)□(tu)□(s)
debege 澤	瀆(de)洦(be)沼(ge)
deletele 大	大(de)奔(le)太(te)奔(le)
delger 滿月	□(del)□(ger)
dorbogo 鍋	鼎(dor)貝(bo)鬲、鍋(go)

dologa 七、北斗星之斗	斗(do)料(lo)舉、庚(ga)
duguriktu 周密	□(du)周(gu)□(ri)□(tu)
duliyen 溫柔	兌(du)□(li)說(yen)
durbe 四	□(dur)丙(be)

L

lhakba garak 水曜日	驢(l)黑(hak)鱉(ba)期(ga)賑(rak)

M

mehe 方士	巫(me)覡(he)
mairak 老沒牙了	歺(mai)老(ra)考(k)
mantol 興盛	每(man)毒(tol)
mil 貓	貓(mi)貍(l)
mikmar garak 火曜日	□(mik)□(mar)期(ga)賑(rak)
modon 木	木(mo)柢(do)□(n)
mori 馬	馬(mo)騆(ri)
muhu 亡	無(mu)亡(hu)

CH

chahir 星	晨(cha)星(hir)
chahilga 打閃（雷電發光）	辰(cha)霄(hi)雷(l)震(ga)
chilagu 石	厝(chi)厲(la)底(gu)
chirga 牽引力	犂(chir)牽(ga)

J

jahidal 正式文書之正、命令	正(ja)是(hi)□(dal)
jarma 麥麩子	麥(ja)來(r)麰(ma)
jegei 中庸	中(je)仲(gei)
jirgoga 六	己(jir)□(go)□(ga)
jungchin 先知先覺之謂神	宗(jung)祟(chi)□(n)

Y

yaga 用不用的用	用(ya)庸(ga)
yisu(isu) 九、顏	顏、壬(yi)頌、□(su)
yirgen(irgen) 人	人(yir)儿(ge)□(n)
yirtinchu(irtenchu) 世界	宇(yir)□(tin)宙(chu)

中華民國五十六年六月出版

三民主義與周易哲學思想

定價新台幣十元

著作者　趙　尺　子
出版者　三民主義研究所
印刷者　與台印刷廠
廠址：臺北市安東街二一六號
總經銷　幼獅書店
地址：臺北市延平南路七十一號
郵政劃撥：二七三七七號